passion
in
press

I believe in the value,
passion
in
press

謹以此書

獻給

一同伴我走過人生順逆、一路支持我的外子

何志滌

讓我的人生更見遼闊的女兒

何凝

與我脾性喜好相近的女婿

高偉良

書名　好一個我：接納負傷安好的自己，歲月教曉我的 20 堂課
作者　羅乃萱 Shirley Loo
責編　梁冠霆 Lawrence Leung、黃婉婷 Josie Wong
審校　謝偉強 Alvin Tse
書裝　Losau
出版　印象文字 InPress Books
香港沙田火炭坳背灣街 26 號富騰工業中心 1011 室
(852) 2687 0331　info@inpress.com.hk　http://www.inpress.com.hk
InPress Books is part of Logos Ministries (a non-profit & charitable organization)
http://www.logos.com.hk
發行　基道出版社 Logos Publishers
(852) 2687 0331　info@logos.com.hk
http://www.logos.com.hk
承印　陽光（彩美）印刷公司

基道 BookFinder/

出版日期　2018 年 7 月初版
產品編號　IB605
國際書號　978-962-457-569-9

印象文字網頁 /

刷次	10	9	8	7	6	5	4
年分	27	26	25	24	23	22	21	20

好一個我

羅乃萱 著

目錄

Interlude

我心。愴痛

／習慣與分離交手的我……

我心。甦醒

／尋回安然無憾的我……

序一

師母的三「心」二「意」

何志滌／中國基督教播道會同福堂主任牧師

這篇其實是「老公序」，因為我與師母結婚已經快到四十年。這四十年的同心同行，回頭看讓我體會到師母的三「心」二「意」。

三「心」

❶ 愛「心」：這四十個年頭，總會感受到師母相信「性本善」。所以，師母很容易認識和相信朋友。相對的，也會很容易受傷害，常問「為何我對人好，他卻這樣待我」。不只是朋友，在親人關係上也是一樣。每當大時大節，她都會想到家人團聚，只是當我們的父母

離世，失去「重心」，兄弟姊妹要相聚，談何容易？不過，這仍是她渴想跟爭取與雙方家人相聚的時間。另外，記得有一個晚上，因她聽到一些對自己不公平的話，回家後大哭，向我傾訴。但是，過了幾天，她又會若無其事的繼續關心他們。作為她的「老公」，在她傷心之時，只能在身邊安慰、鼓勵和保護她。在適當時候，也會提醒她「要懂得保護自己」。

❷ **用「心」**：從小學已經夢想當作家，因家中父母的反對，沒有太多機會寫文章。直到我們夫妻倆赴台灣宣教。那個時候，差會調派我們到台灣事奉。記得一九八二年一次的宣教士退修會，其中一位講員是當時一本學生雜誌的主編，她分享完畢，我鼓勵師母直接跟那位主編說自己很喜歡寫作，看看有沒有機會。

我還記得當天的畫面，師母戰戰兢兢的走到那位主編面前，表達她的心願。至一九八三年，終於等到那位主編邀師母參與「香港一九九七」的專輯，因那雜誌很想以香港九七為主題，做一些分析，因為師母在香港出生和長大，主編就邀請她寫一篇有關這主題的文章。當天回家，看到她真的非常興奮，很用「心」的寫，修改了七、八次後，就把文章交給對方。真的沒想到，主編看了之後，覺得師母是個可造之才。自此，她很用心地教導師母，讓她打好日後文字服事的基礎，一九八五年回港加入香港的另一本青年雜誌成為編輯之一。經過數十年，師母仍然很用心寫每一篇文章，她也很用「心」看不同作者的文章，很用「心」看很多不同類型的書，並且培養出那份自學的態度、所擁有的知識和網上搜尋的特殊技能（她可以說是人肉

google，要找任何資料，只要問她，很快就會有答案）。作為她的「老公」，我會頒給她「自學博士」，一個很特別的學位。

❸ 開「心」：四十年的婚姻，知道師母不會隱藏「喜、怒、哀、樂」。為何說師母是「開心果」？因為就算面對一些困難或人事問題，她很快會因一點開心事而拋開苦愁。還記得她面對工作表現只有「0.5」分的那個晚上，帶著「哭」成紅腫的雙眼，去主領一場「佈道會」，她因看到牧師在門口歡迎她，又開心起來，用心分享信息。所以她告訴自己：「無論怎樣，這分數只是一個人的看法，一生的服事果效又豈能以此衡量。人在做，主在看的！」作為她的「老公」，我會欣賞她的「正向思維」。

二「意」

❶ **定「意」**：師母常說她並不是一位天才，她只是非常的努力。小學三年級已經決定要成為「爬格子」動物，中間的確有很多攔阻，只要她一有機會，就會努力去做。當師母決定要做一件事，就會定意完成，絕不「馬馬虎虎」。直到今天，只要定「意」寫稿，可以很快完成。好像這一本書，也只是在很短時間內完成。作為她的「老公」，可以稱呼她為「寫稿機」。

❷ **留「意」**：師母很喜歡新的事物，所以她會留「意」四周的情況，加上她很喜歡看書，一有機會逛書局，她就會流連忘返，她會留「意」新書和雜誌。另外，她會從雜誌上留「意」不同類型的人物。更重要的是，

她會留「意」自己的感情，以致於她的文章充滿感情。讀者很容易得到共鳴。作為她的「老公」，可以稱呼為「一眼關七」的表表者。

《好一個我》是師母有血有肉的事奉歷程。她用「好」，因為男女神都不會偏待，男女在主眼中都是寶貴。縱然事奉不是一條容易走的路，但當人願意不介意擺上有的，哪怕是「五餅二魚」，因著神的賜福，就能餵飽五千人，這是我們能繼續走下去的主因。但願「好一個我」成為讀者都能說的四個字，因為在神眼中，你是神所創造，而神所創造都是「好」的。

序二

不一樣的乃萱姐

吳國雄／基道文字事工出版及事工總監

這本書的乃萱姐，應該有點不一樣。

她說「做人，有時要回頭看看，這樣才能看清楚自己走過的路……」（頁21）乃萱姐這次寫自己的故事，該算是對自己走過的路的一趟回望，回去接納和擁抱今天那個負傷安好的自己；前面的夢，當然是繼續追尋下去。

不過，聽著她的故事，讀者也許會感到回頭也不盡是輕鬆。這是這次的羅乃萱有點不一樣的原因吧。近年才看她臉書的讀者，會見到她原來曾經如此反叛，自我否定和被看扁得那麼徹底；一直愛聽她講家庭課的聽眾，會重新認識她揚眉女子熱血俠女的一面；就是她的資深讀者，也不一定知道她的文字夢竟追逐得那麼艱辛，甚至事奉路上又轉折得這樣淌著血。

「我想應該要有一本能代表現在的你的書呢。」當年跟乃萱姐合作出版她第一本臉書文集時，曾跟她這樣提議。但「現在」的你，總有「昨天」的路走過；認識過去，才能更懂得欣賞今天的自己。對人對己皆如是。大家眼前的這本書，應該可以幫助大家更懂得欣賞她今天的文字，而不會只見到眼前的一點。

認識一個人，有時也要回頭看。身為「資深」讀者，我應該由她早年編雜誌，寫文章結集出版的時代已看到她的文字。印象最深的一次是聽她講閱讀講座。滿桌子都是書，聽眾是神學生、機構同工或出版人之類。她由余秋雨講到 Eugene Peterson、由文學講到靈性再到社會問題……當年仍未跟乃萱姐個人認識，只心想這個雜誌老總真夠愛書。後來知道她真的超愛書。

好多年後，當她已投身家庭事工，有一次跟她做親子閱讀訪問，這是第一次的個人接觸。這次印象最深的，倒不是關於閱讀的種種，而是她提到母親去世時表現出來的強烈情感。有些朋友想寫作，會問我意見。我懂的實在不多，不過許多時候還是會回一句：文字，最緊要有情。有情的文字，才能打動人。你認識羅乃萱，就知道她感情十分豐富。親情友情，同工之情師生之情甚至跟讀者之情皆然。因此她往往能捕捉到情感的細膩處；也因此她特別容易受傷？「只要重新相信，跟那個被敏感折騰得不成人形的老我說再見，就發現身邊那些新的可能」（頁25），這該是切身感受吧。

當年我將訪問稿子寄給她看，她就回了一大段充滿鼓勵的話。大體說樂見有人投身文字事工云云。是的，她曾經是雜誌總編，她愛寫作，愛文字工作。又過了幾年，在我自己工作生涯中最迷失的時候，離開了工作得不錯的機構，也離開了相熟的教會羣體。她是少有主動約我吃飯聊天，借書給我，介紹朋友我認識的人。我猜想，其實我們當年未算十分熟稔，只是機構間合作配搭時覺得有點投緣，但那些日子的關懷，我倒是銘記於心。我也沒有直接問過她為甚麼，但我想當中不離對文字後輩的提携之情。「發現自己只適合當一個作者，而非投入出版事業」（頁81）。崗位不同，但她對文字工作的熱愛依舊。

乃萱姐最近告訴我，除了我們機構同工，還是較少人叫她乃萱姐（「姐」粵音我們是發「遮」音的）。或許我們認識她的角度的確有點不同；我們眼中，她不獨是家庭親子專家，臉書知名作家，「何師母」，而是我們文字事工的前輩，像大姐姐一樣。

希望讀者從本書亦認識到一個不一樣的羅乃萱。

自序
回頭看

做人，有時要回頭看看，這樣才能看清楚自己走過的路，跌落過的陷阱，迷失過的十字路口……

❊

看見那擁有初心的自己，曾經怎樣天真單純，全情投入，自以為的理想之中。

見到那熱情洋溢的自己，曾經兩肋插刀，義無反顧，自以為博愛的為別人出頭。

見到那備受貶抑的自己，曾覺無地自容，抬不起頭，自以為人生到了一個無法迴轉的十字路口。

見到那挹胸哀慟的自己，曾覺生無可愛，沒人關顧，自以為從此孤單走我路。

見到那退縮敏感的自己，曾覺傷痕累累，舉步艱難，自以為再沒有力量，踏上征途……

✲

而寫這本《好一個我》，正正是一個「回頭看」的過程。

從有此意念至今天，已有兩年。

還記得在那個書展，基道編輯冠霆提到此書的創作意念，就是將我臉書的背景故事，那些甜酸苦辣五味雜陳的人生片段，逐一寫出來，好讓讀者看到一個更「立體」的羅乃萱。

「讀者一定會想看！」這是他給我的鼓勵。

想想也好，因收過一些讀者回響都以為我生長在一個幸福家庭，一生平順。唉，那只是錯覺。若沒有經歷過那些被看扁失寵的歲月，又怎能寫下那些感受甚深的文字，引起同是天涯淪落人的共鳴。

只是工作忙碌，遲遲動不了筆。於是，「拖得就拖」。至今年四月，稿子只寫了寥寥數篇，距離出書的目標仍遠。忍不住打了個電話，想打退堂鼓。豈料，編輯們鍥而不捨，在他們邊鼓勵邊禱告下書稿就這樣催生了。

當寫下第二十篇稿的那刻，幾乎不相信自己的眼睛。怎麼，真的寫好了！那種喜悅，像見證著一個孩子出生般感動。

這是一本我想寫又不敢隨便寫的書。

這是一本埋在我心底某個角落很久的書。

這是一本首次集合了從沒出版過的文章的書。

這是一本早有腹稿大綱要寫出來的書。

這是一本我邊寫邊流著感恩的淚寫的書。

這是一本幾乎難產卻又被催生出來的書⋯⋯

書名「好一個我」拆開那個「好」字就是「女子」，更是神創造女人後說的那個「好」字，標示著對自我性別身分的認同。副題「接納負傷安好的自己」更是真實的描繪，誰人不曾被傷害過，但發現在主恩典護佑中，依然安好，就好！

❁

所以看著她的出生，仍有點如在夢中，難以置信。

在這回頭看數算恩典的時刻，也不得不提基道編輯們一直以來對我的鼓勵（我也當然記得在病榻前答應過球哥要好好對基道的）：

先是在我落難的歲月，挺身而出為我說話。

我第一本親子書，是基道出版的。

我第一本臉書結集《相信，仍可以……》，也是基道大膽地建議出版的。

現在這第一本的原文結集，為我的書寫序的國雄，我深深感謝。當然，更要深深感謝一直同行不離不棄的外子志滌為我寫序。

更感激的是，在這個多月「回頭看」的過程中，讓我有更深層的領悟，就是：

只要重新認定，靠著祂沒有難成的事，便會繼續尋夢。

只要重新相信，跟那個被敏感折騰得不成人形的老我說再見，就發現身邊那些新的可能。

只要重新尋覓，在我左右仍有許多人對我不捨不棄，仍有許多志同道合的相遇重逢。

只要抓緊主的話，降服順從，心靈就有一種說不出的豁然開朗及難以言喻的海闊天空。

更恍然大悟：回頭看，原來是一個數算恩典的指定動作。

”做人，有時要回頭看看，
這樣才能看清楚自己走過的路……“

Prelude

我心。飄泊

╲ 走出那個被看扁的我……

01

看扁與蒙寵

被人瞧不起，有時是福氣

很多人都覺得，當一個人呱呱墮地的那刻，就決定了他的未來。

我一直都這樣相信。

因為家中排行中間，老爸是傳統中國男人，很渴望有個兒子承繼，苦了的是像我這般「被生了」出來的女兒。羅家的頭一胎是個天才音樂家，老媽小產了五次才生下未足月的我，只是一個平凡普通甚至有點像醜小鴨的「不是天才」，再小產兩次如願得償，生下了弟弟。

弟弟的滿月酒，是在當時的漢宮酒樓擺。席間，見到一個高高大大的影子，走到眼前，明明白白地跟我說：「妹子（我的乳名），你的爸爸媽媽生了弟弟，不會再疼你了！」怎麼可能？我生了一頭曲髮，又長得可愛，爸爸媽媽怎會不愛我呢！

不知怎樣，這句話就像一個魔咒，緊緊箍住了我整個人。人前人後，總生了一種「貌不如人」、「一無所長」的自卑。還記得有趟，弟弟被選上當童裝表演的模特兒，媽媽好生緊張在為他張羅拍照，我只有幽幽在台下看著他被鎂光燈閃亮的笑臉。

「你姊姊彈琴好厲害！」

「你弟弟生得好俊俏！」

知道，統統知道，不用你說！那時每逢聽到這些讚譽，心中不是味兒。腦袋中常想，「我是誰？」、「我來到世上的角色，就是為弟弟的出生鋪路嗎？」（不瞞你說，弟弟沒出生之前，我一直是男裝打扮）

當然另一關，就是活在姊姊的陰影之下。先此聲明，陰影不是她營造的，卻是她的光芒招來的。不知多少次了，爸爸帶著我跟弟弟去與朋友交際應酬，人家見到我總會擺出一個「彈琴手勢」，然後問：「羅先生，這就是你

那位很會彈琴的天才女兒嗎？」說真的，我會彈琴，但不是天才。只是對方還沒聽罷，已對我完全失去興趣，連我的名字也懶得問。試過幾趟以後，每逢跟老爸老媽出外見朋友，我都愛瑟縮一旁不搭嘴，免得自己難受。

其實，覺得自己被別人「看扁」，不一定是人家說了甚麼貶抑自己的話。**有時，一點忽視，一個眼神，一個轉身，已足以讓敏感的心靈受損破碎。**

過去一直以為，自己的際遇是獨一無二。後來有機會涉足服事婦女的工作，讀了不少姐妹的成長故事，發現不少相同的橋段引發共鳴，都是因為出生為女兒身，備受忽略或早早就要放下學業，出來工作供養弟弟妹妹。

明明是個可以讀書的好學生，卻好端端為了「家庭」作出輟學的犧牲；明明長得聰慧可愛，但因生來是女兒身，總是得不到父親或長輩的喜愛，變成家中「靠邊站」

的閒角。類似的故事情節，總會在她們交來的功課中讀到，心想：人家比自己慘千萬倍呢。

被看扁是一回事，怎樣從這個深淵走出來，又是另一回事。

作為有信仰的人，信了主之後就一直在尋索，聖經中有否類似的例子，可作依憑。第一個我想到的人物，就是雙目無神毫無佳容的利亞。不錯，就是那個名字的意思乃「疲倦，憂慮」，絕少在婦女主日被宣講的利亞。說來，此女子的身世盡是可憐，父親從她嫁給雅各那天就知道，這個男人愛的不是她，是她的妹妹拉結。

「不是首選，是副選」這種情結，相信是不少女人的

共同命運。但可幸的是，神讓利亞生養眾多（總共為雅各生了六子一女，比起拉結的兩子，算是大勝），在人眼中雖然被忽視，但總見祂的憐憫與安撫。

在我們深深覺得被「看扁」的生命中，曾否出現過上主的恩寵厚待呢？當然有。

記得多年前參與一個成長營，導師要求所有學生用一個早上的時間，對著山看著水，禱告默想，然後寫下從出生到那時鼓勵過自己的人。導師說：「就算只有一句話，一個鼓勵的眼神，想起的名字都統統記下來。」沒料到那幾個小時的默想後，就寫了一百多個名字。

若換了是今天，深深相信記下的名字起碼多一倍。單是過去三年，我就想起：

在低谷時於迪士尼碰到的她，給我來了一個深深的擁抱，還有往後的扶持鼓勵；

"

被看扁是一回事，
怎樣從這個深淵走出來，
又是另一回事。

在人生徬徨的十字路口，竟碰到失婚的她，兩個失意的女人竟找了一家咖啡店，邊呷著咖啡邊自嘲，竟也是一種彼此的療癒；

還有仗義幫忙的他二話不說的提點惦記，跟為我的書寫序挺身護航的她……

每一個臉孔，每一個邂逅，絕非偶然。一定是上主在背後的安插安排，讓我這個曾經落單哀傷的小女子，深深感受到祂透過她／他們傳送而來的厚愛。

踢走自卑的10個小提醒

❶ **拒絕**：拒絕迴避，因為視而不見，聽而不聞已不奏效。

❷ **辨別**：回想一下，是哪些時地人話將我們的自尊擊倒的。

❸ **承認**：承認自己的脆弱，面對處境的困窘。

❹ **面對**：惟有面對，才使我們變得更剛強。

❺ **揪出**：要揪出自卑的元兇，就是「比較」。

❻ **滾開**：揭穿自卑的面具，狠狠跟它説：滾開！

❼ **中庸**：自卑將我們在兩極化的思緒中爭鬥，要拿捏中庸。

❽ **眼光**：培養一種嶄新的眼光看待過去，觀照自我。

❾ **打氣**：儲存一些為自己打氣的話，鼓勵自己。

❿ **主權**：認定生命的主權及評價自我的話事權，最終在祂手！

歲月
教曉的
功課

不要模仿，不要艷羡，
因為跟著別人走，
只是將自己扭曲。

不如聽聽內心的召喚，
察看過去的軌迹，
接受自己的限制，
尊重發現的真相，
跟隨祂的引領。

02

音樂，不是我的那杯茶……

跟著別人走，只會將自己扭曲

說起來，我該是在一個音樂世家長大的。因為媽媽學的是音樂，姊姊也是，只不過二人走的路很不一樣。

✻

先說媽媽，她是唸聲樂的。還記得年幼的日子，她一有空就愛對著孩子引吭高歌，唱著「天倫歌」，最記得的是這兩句憤慨激昂的歌詞：「收拾起痛苦的呻吟，獻出你赤子的心情。老吾老以及人之老，幼吾幼以及人之幼」更成了我日後推己及人信念的萌芽。只是她後來因聲帶生繭，不能唱歌了，便轉行去當股票經紀，成就比音樂更甚。

至於姊姊羅乃新，是位天才鋼琴家。幾歲就橫掃學界，拿了不知多少次學界總冠軍。年紀輕輕更拿到獎學金到茱莉亞音樂學院深造，在香港音樂界是無人不知的青年

鋼琴家。

可想而知，我在這樣的家庭背景長大，跟音樂的淵源甚深。幾乎可以說，十根指頭可以動的那刻，就被送去學鋼琴。老師一見到我，就會提起姊姊：「你是羅乃新的妹妹啊！」正是！正是！

但事實上，除了名字相似之外，音樂的天分簡直天淵之別。老師教的巴哈、舒伯特，我都要幾經艱苦才懂得彈。第一次參加校際音樂節，更是雙腳發抖，豈料還沒彈奏，就被一位記者逮個正著。問：「聽說你是羅乃新的妹妹，這趟比賽打算拿第幾名？」

這……壓根兒沒想過。還好，最後拿了亞軍，總算不負所望。但卻並沒因此激發我學琴的興致，反是愈來愈抗拒。記得中四那年，跟媽媽來一個「大攤牌」（廣東話的意思就是來一個徹底的告白），告訴她我想全身投入田徑跟游泳運動，可否從此不再學琴？媽媽見我意志堅決，也沒再強我所難了。

就在那幾年間，我跟鋼琴音樂來了個暫別。

直至信了耶穌，到蒙特利爾（Montreal）唸大學，加入了當地的華人學生團契。那時，團契正鬧「司琴荒」。他們一聽到我的中文名字，從香港來的就知道我是羅乃新的妹妹，一定懂彈琴，就是這樣，在半推半就之間，當了司琴。

當司琴最難的是甚麼？就是「看了即彈」（sight reading）的技巧，也是我在考鋼琴試中最弱的一環。見過有些天賦甚高的，聽人家唱了一次就彈得如「行雲流水」般順暢。我是那種「拉牛上樹」式的，最怕領詩給我「簡譜」，要練上好幾次才能彈出聖詩的主音來，現代流行詩歌更是難上加難。試過有趟，為某大講員當司琴，他要求我從C調轉升E調，一下子應付不來，隨即被對方趕了下台。

而我因為當司琴所受的委屈，只是個開始。

試過在服事的地方，領詩一聽見我當司琴就愁眉不展。更有人當面跟我說：「早知道妳當司琴，我就請假一趟不領詩了！」聽罷心中就像長了根刺。心想：**「別人愈瞧不起我，我愈要努力克服！」**

正因這種「要證明給你看」的鬥氣心態，讓我在司琴的服事過程中不斷跌跌撞撞。知道要當司琴，就老早問領唱的拿譜，回家拼命的練，務求練就那種如行雲流水般的技巧。但領詩若一改曲調的音階，我就「本相畢露」，彈不下去而出醜了。

當然，還有另一個我跟音樂愛恨糾纏的原因，是跟姊姊有關。

曾經有許多次，姊姊舉行個人獨奏會的時候，找了我去當「書僮」。意思就是幫她拿著琴譜，及在她表演時翻揭琴譜。那些年，我才十歲左右吧。從沒面對過千多人的場面，帶著戰戰兢兢的心情，跟姊姊踏足台前。台下對姊姊的演奏如癡如醉，到鼓掌安哥時，我更感覺臉紅尷尬：到底，是隨著姊姊一起鞠躬答謝觀眾的愛戴，還是光站在旁邊看？我是誰？我的潛能價值在哪裏？……很多對自我定位的疑惑，就從那時萌生。

至成為上主的女兒，對「重生」一詞，更是感受深刻。因為聖經告訴我，耶穌愛我，祂一直在尋找我，從不離棄。我們每一個人，都是祂美好的創造，有祂賜與的才華特長。我雖然不擅長音樂，但可以寫作，可以用嘴巴表達，還有很多可以發揮學習的空間。

鋼琴，雖然不是我的那杯茶，卻是姊姊最好的那杯茶。那我就樂於當一個品茶的人，聽聽好歌，哼哼好調，為台上彈奏的姊姊鼓掌歡呼。不是更好嗎？

”

我們每一個人，
都是祂美好的創造，
有祂賜與的才華特長。

「限制」10想

❶ 上帝很公道，給我們每個人都有**潛能**，但不代表這些潛能是無限的。

❷ 別人都說我們可以做多些，只有我們**深知自己的料子**，可以擔當多少。

❸ 凡事盡力，但又**不強求**，就是明白限制是甚麼一回事。

❹ 每一趟，當我們在**追尋夢想**的同時，就是跟個人的限制對峙。

❺ 人常常想衝破限制，但有時又被限制摑了幾巴，才會**甦醒**。

❻ 滿以為這條路可行但**卻封了**，就是限制給我們吃的一記悶棍。

❼ 身體的**疾病勞累**，是限制發給我們的警告信。

❽ 知道自己的限制跟別人明白**我們的確有限制**，是兩回事。

❾ 對於別人硬要我們衝破極限的要求，只能**實話實說拒絕**。

❿ 不要老看自己比現實強，求主助我們**將自己看得合乎中道**。

閱有所思

這是我們總搞不清的問題，就讓這本書帶領我們進入深層靈魂的探索，看到天外有天的曼麗。

《這輩子，我最想做的事》

A Life at Work

湯瑪斯．摩爾（Thomas Moore）／天下文化（2010）

每個人的人生都經歷過困惑，更想找一位智者來解惑。我曾站在困惑的十字路口，是這本書讓我茅塞頓開，重尋初衷。

《月光下的十字架：
老牧師與我的十四堂重生課》

Mondays with My Old Pastor

荷西．路易斯．那瓦荷（José Luis Navajo）／啟示（2013）

03

龍蝦與栗子

愛的表達方式，
跟你期望的未必一樣

認識我的人，都知道我最愛吃的海鮮，就是龍蝦。但沒有多少人知道，為了一隻龍蝦，我曾被爸爸狠狠罵了一頓。

事情是這樣的。

還記得那年，爸爸帶我們一家到一所西餐廳吃午餐。我一眼就瞄到餐牌上的芝士焗龍蝦跟龍蝦湯，也是餐廳推薦的。爸爸更是口口聲聲說：「你們愛吃甚麼，儘管叫吧！」

「我要喝龍蝦湯，主菜是芝士焗龍蝦。」年幼無知的我，大大聲說出所求。

「你說要吃甚麼？」

「龍蝦啊！」還以為老爸聽不見，把嗓子扯高了點。

「你有沒有搞錯？叫餐廳最昂貴的餐，在『敲竹槓』（上海話發音：拷作剛，揩油沾光的意思）是嗎？」爸爸

的意思就是我在佔他的便宜，完全不識抬舉。其實那刻的我，根本沒留意那是餐牌中最昂貴的菜，純粹因為愛吃龍蝦的「啖啖肉」而已。

仍依稀記得當時的我，有如啞巴吃黃蓮，無言以對。但眼淚卻往肚子裏吞。

從此以後，老爸問我喜歡甚麼，都說「沒甚麼」。直到跟外子結婚，到台北宣教那年，老爸跟老媽來台探望我們。

一席飯後，老爸突然問了一句：「你們在台北日子過得這樣艱苦，一定有甚麼需要的，儘管說吧！」

那時，因為要服事大學生，他們常常流連在咱們家唱詩玩遊戲。於是心想，我需要一部鋼琴，可以幫學生伴奏。

「說啊，有甚麼想要的？」不知怎的，昔日龍蝦的回憶又浮現了。如果說了，爸爸會否覺得我又在敲他的竹槓？但看著他盛意拳拳的樣子，大概不會再怪我了吧！

「我……想…要……一部…鋼……琴！」

「怎會這樣？又是一件昂貴的禮物。」老爸的這一句，將那些不愉快的回憶都召喚回來。

「不要了，不要了！沒關係！」

是的，原來他只是問問，沒打算「送」的。我以後都不會這樣天真，再會錯意了。

但這些事例，就形成內心一個不易解的心結。

❁

直到離開所屬機構，出來自立門戶的歲月，上主卻讓我看見，老爸的另一種關懷。

就是他愛把自己喜歡吃的東西，諸如蕃薯，栗子，一買就買一大包放在房間，給到訪的孩子及孫兒吃。

「吃吧，吃吧！」這就是老爸寡言中的愛語。我是到很後期才聽得懂。

年輕時還覺得他逼我們吃他愛吃的，做他愛做的事情（如大清早喊我起牀跟他到石梨貝水塘晨運），長大了才看透，老爸自幼父母俱亡，一個人從大陸逃難來港，白手與家開了一家洋服店，後期才跟媽媽共同經營股票買賣。我們三姐弟留學的盤川費用，皆是靠他跟媽媽天天做生意賺回來。**在他的字典中，愛就是「想要甚麼就買甚麼給孩子」**，但由於他常早出晚歸，跟我們不多溝通，便以他的喜好為我的喜好，這也是他一直對待孩子的快思邏輯。

下筆至此，就想起某個寒冬的黃昏，他突然造訪我的辦公室。匆匆而來，放下一包熱騰騰的栗子，說是順路買的，要給我吃，然後二話不說就轉身走了。看著他遠去的背影，

”

長大了才看透……
心中的結，解開了。

好想說：「爸，多留一陣子跟我聊天吧！」只是這並非父女倆慣常的溝通，話就算到了嘴邊，仍說不出口。但那刻卻覺得，心中的結，解開了。

爸爸，其實是深愛我的。只不過他愛的表達方式，跟我期望的並不一樣。我要的是龍蝦的愛，他卻還以栗子而已……

走出情感牢籠的10個反思

❶ 昔日從**父母**那兒如何接收感情，很影響今日對感情的接收。

❷ 如果我們**承認**這種影響，就是療癒的好開始。

❸ 一個打擊來了讓人**感情崩潰**，其實是一個「急剎車」。

❹ 察覺父母給我們的**傷害**，那種難過委屈是會湧出來的。

❺ 要從感覺中**抽絲剝繭**，找出那種讓人「想不通」的自困思維。

❻ 情感陷入**幽谷**，讓我們把自己看得一清二楚。

❼ 原來，終於看清楚自己，是一種**解脫**。

❽ 最大的解脫，可能是發現對自己的**咒詛**。

❾ 我們是否願意，**放棄**過去那種看不見出路的生命程式？

❿ 我們願意抓緊那創造又深愛我們的**主伸出的手**嗎？

04

親人，最親的人？

至親的關係，有親密也有疏離

朋友可以取捨，親人卻沒辦法選擇。

無論我們喜歡接納與否，他跟她就是我們的父母；他跟她就是我們的兄弟姊妹。

我們的上一代，都沒受過甚麼親職教育。缺席的父親，重男輕女的爺爺奶奶，含辛茹苦在家把孩子帶大的母親，比比皆是。

在家中備受寵愛，當然幸運。備受忽略，更是常態。搞不好父母偏心，心中更不好受。

記得多年前，曾在一個講座中，問那些媽媽最常聽到父母跟她們說的話，其中一位居然說：「媽媽總是跟我說，本來不想生個女兒，是想追個兒子的！」

聽罷，心有戚戚焉。

✲

親人之間出現衝突，也是常態。

原因不外錢財，或者上一代偏心帶下來的恩恩怨怨。面對手足之間的衝突，有的選擇啞忍，希望大恨化小，小恨化無。也有的選擇拂袖而去，從此不相往來。

別以為是親人就可以無所不談？許多時候，正因為是親人才不敢宣之於口。滿以為這樣不提不理之下，可以埋沒隱藏。

怎知到，一頓團年飯，或者一個大團圓的聚會，誰忘了叫誰，誰沒把誰放在眼內等等誤會，就是這樣叢生。但更多時候，家中雙親離世，子女都成了「中年孤兒」，失了這個關鍵的「重心」，相聚更非容易。

記得父母俱在時，一家人團圓是很容易的。老爸規定，一星期無論怎忙，星期六的晚上，都要一家人團聚。媽媽在生時，更例必帶著孫兒到街市買糖果及海鮮，那個年代星期六的晚餐，是我最期待的時刻。

然自父母離世後，這個傳統已經消失。手足之間各有各的忙碌，過年過節能有一兩次團聚的晚餐，已屬難得，不敢苛求。

✿

不過，**親人間最難搞的，卻是從原生家庭帶來的傷害**。若不處理，仍會如影隨形。一個不小心，就會觸動那以為結了痂的傷口，挑動了那根早以為麻木的神經：

❀ 為甚麼會對權威人士這樣懼怕？原來他說起話來，

人心最矛盾的是，
叫自己不在乎，
卻往往最在乎。

像極了家中望而生畏的爸爸。

❀為甚麼別人一句話就這樣耿耿於懷，不以為然？原來，昔日的親人就是愛用這種語調揶揄嘲諷。

更別提兄弟姊妹間的**嫉妒比較，爭寵吃醋**。還有父母婚姻不和帶來的傷害，特別是他們各執一詞，要求孩子站在他／她那方的堅持……

也難怪認識的一些年輕朋友，早早就想出國留學，或盡快成家立室，有機會離開「是非之家」。但這是辦法嗎？

別以為離開就一了百了。

人心最矛盾的是，叫自己不在乎，卻往往最在乎。

特別看見別人一家大小共享天倫之樂，就會想起在遠方的那個家，那個垂垂老矣的爸媽，那些早已不相往來的兄弟姊妹……

有時不知怎的，看了一齣電影，讀到一段文字，就會舊恨新愁，湧上心頭。

滿以為多堅強的一個人，一提到親人，就會莫名其妙地失控。

滿以為多油腔滑舌的一張嘴，在親人面前卻連一句好聽的說話也說不出口。

面對親人，我們整個人都像被繳械，修練多年的武功都不管用，甚麼底牌都被人看得一清二楚，甚麼賬他們都知道，甚麼面具都戴不著……

信了耶穌之後，聽到兩個字：叫「饒恕」。怎麼可能？難道一句饒恕，就把親人欠我們（或我們家人）的一筆勾銷？豈非便宜了對方？對方仍不知錯呢，怎辦？

❂**饒恕，不是說對方沒錯。**而是檢討下來，也看見自己的「不是」。特別是對親人的態度要求說話語氣等等，在某個夜闌人靜的晚上，不知怎的也會浮現自己那不敢示人的狠毒嘴臉。又或者，人逐漸成長，碰到跟上一代類似的衝擊（如自己在工作中被人看扁開除，面對現實的生活壓迫等），開始明白他們為何這樣氣憤，甚至有點同情他們的軟弱。

❂**饒恕，不是說當作若無其事。**而是明知道發生過那些事情，我們依然願意學習擁抱你，接納你，因為你是上主給我的爸爸、媽媽、兄弟、姊妹。

❂但同時請留意，**饒恕不是一種任憑對方繼續不知進取的攫奪**，視我們的幫忙為「就手」般「理所當然」，而不負責任。所以若對方仍不問緣由地踐踏或予取予求，我們要懂得劃下界線，保持距離，免得有天也被拖進那無法收拾的殘局。或者說，有時候不再任由對方擺弄，也是一種「不幫的幫忙」。

饒恕也不是一種肯定，讓對方繼續自以為是下去。要提的忠告，到了適當時候，還是要說。我們說了，對方不聽，也算負上了親人的責任。

至於親人之間的關係，有親密也有疏離。

親密的，一週不見，如隔三秋。但要小心太緊密（特別是跟上一代）的交往，立下了「不願離開父母」的壞榜樣。到底人長大了，自己的核心家庭，也需要空間來共聚

”

不用羡慕人家的手足之情，
開始接納世上有相親的，
也有性不相近的親人。

「天倫之樂」的。

疏離的，是一年見不著幾次，偶爾通個電話，知道彼此安好，就是。凡事別太勉強，總之**世上有根難以砍斷的繩索，叫做「親情」**。到某天生病了，需要救急扶危了，說不定那親人又會出現了。

不用羨慕人家的手足之情，開始接納世上有相親的，也有性不相近的親人。凡事順其自然，即使是血緣的關係，也是不能勉強。

✲

如果家人非至親，那誰才是我的親人？

想起在聖經中，主耶穌在十架前，將自己的母親馬利亞交付給約翰。對他說：「看你的母親！」在神的家中，我們仍有很多可以相交的弟兄姊妹，也可以發展成「情同手足」的親暱。

至於親人，我深深記得當父母去世之後，有天醒來看著枕邊人。想起聖經說我倆的親密就是「骨中之骨肉中之肉」，那不就是血肉之親嗎？夫妻的恩情，經歷過歲月的雕琢，相扶相守的同行，早就是比親人更親了。

有關「親人」的10個認知

❶ 就是在佳節中，常會預留時間去跟他們**吃飯一聚**的人。

❷ 在平常日子，會打**電話問候**一句的，甚至**恆常相約見面**的。

❸ 這大概是「人夾人緣」，有些會較**疏離**，有些較**親密**。

❹ 我們對朋友很客氣，但對著親人卻會**本性畢露**，甚至**沒有分寸**。

❺ 對於**久違不見**的親人，撥通電話好像需要很大的**勇氣**。

❻ 不知怎的，對親人的話總是**銘記於心**。

❼ 對於久沒音訊的親人，一旦現身，最需要的是其他家人的**接納與關愛**。

❽ 至於那已在天家的，就讓我們**懷念**他的美好，並將之**傳承**下去。

❾ 如果可行就拿起**勇氣**，在佳節中找找（或回應）他／她吧！

❿ 願常記得為親人**禱告**，謹記當信主耶穌，你和你一家都必**得救**。

閱有所思

很多生命停滯不前，是因為跟原生家庭的關係搞不清，讓怨恨誤會囤積。這本書可是幫助我們解開心結的開始呢！

《走出受傷的童年：
理解父母，在傷心與怨恨中找到自由》

Forgiving Our Fathers and Mothers:
Finding Freedom from Hurt and Hate

蕾斯莉・里蘭・費爾茲（Leslie Leyland Fields）、
吉兒・哈伯德（Jill Hubbard） / 啟示（2015）

看著身邊的人照顧上一代已忙得團團轉，又不知怎樣取捨抉擇（如何照顧選擇甚至安排父母終老）。無意中買了這本實用指南，心中很多疑問都得到解答。當時心想，如果爸媽在時讀到這本書就好了！

《牽爸媽的手，自在到老的待辦事項》

張曉卉 / 天下生活（2013）

歲月
教曉的功課

得意洋洋的感覺，
就像一桶滿瀉了的水。
一個不小心，
就會弄濕了別人的衣衫。

如果藏著仗勢凌人的驕傲，
溢出來的便是污水。

小心弄髒了別人之餘，
自己也醜態畢露。

05

可怕的妒火

嫉妒是心靈的腫瘤，一定要除之而後快

妒火，很少人會沒有，或者沒被這火傷過。

有人說，嫉妒是心靈的腫瘤，一定要除之而後快。只是知易行難。

妒火中燒，坦白說，我們是知道的。

看著那個「不像樣」的他，步步攀升，得意洋洋。難免有點牙癢癢？

目睹那個「看扁自己」的她，向著旁人吹噓得意史，更是讓人難耐……

但心裏知道，這種「不抵得」的心態，就是嫉妒。

✲

人家升官發財，備受器重，是人家的機會。與我何干？

想深一層，有關係啊！因為他的出現，代表我們的機會被剝奪。因為他的出眾，就顯出了咱們的平庸。妒火的源頭，就是以為他人的「得」，乃我們的「失」。

正因如此，與喜樂的人同樂，是很不容易的事。

堵住妒火，從根源談起

妒火藏在心間，影響的只是自己，對方可能不知道。但形諸於外，就變得可怕！比方刻意講對方的壞話，故意攔截對方表現的機會，又或者特意說一些酸溜溜的話讓對方聽見（如質疑對方的成就：「你真有這樣厲害嗎？還是估計而已？」）

怎樣堵住妒火，還是要從根源談起。

是因為彼此的際遇有別。如一對好友，一個一帆風

有時嫉妒像一場「龍捲風」，在我們毫不為意的日子，就出現。

順，一個災劫連綿。後者很容易會欽羨前者，若前者過度自滿自負的話，即使是好朋友，也會招來嫉妒。

也有人說，女性比男性易嫉妒。不敢肯定。但可以說的是，女性的嫉妒常禁不住溢於言表，男的卻窩藏心間。女人的嫉妒，除了外貌才華際遇外，還有的是關係的拉扯。就是本來A跟B要好，C闖了進來，也跟B相熟，卻把A冷落一旁。那個A就心裏不好受了，很不是味兒了。

✲

所以有人覺得，堵住妒火很容易。只要留意幾樣事情就可以：

❁ **不要過分張揚**。如個人的升職、成就，不要到處跟人講，否則就招人妒。

❁ **要顧及別人感受**。特別對那些職位或際遇不如己的，多一點留意關懷，明白他們的自卑無助，也是迫不得已，嘗試理解同情。至於是否要為對方安排機會，那就看對方是否準備好或有否這方面的能力？沒有準備的上場，得到的不是掌聲而是揶揄。至於不是某方面的料子，卻硬擺對方上台上陣，更是不智，說不定對方更懷「妒」在心，以為我們存心「整蠱」，讓他出盡洋相。

❁ **謹慎言行**。特別是小心說話，這才是最重要的。尤其在得意的時候，千萬別雀躍忘形。在形勢比人強時，要懂得收斂。在人家誇獎自己的時候，要懂得謙虛應對。要明白，一個人的成功或成就，背後總有給他機會的，退位讓賢的，甚至是懂得欣賞的伯樂。

❁ **學懂欣賞別人。**曾聽人說，若懂得欣賞別人，較容易得到別人的欣賞接納。其實我們用甚麼量器量給別人，人家也會用甚麼量器來衡量我們。倘若我們寬大為懷，別人也會對我們寬鬆。若我們真心為同儕的成就鼓掌，對方也自然會為我們的成就欣喜。

難道做了以上這些，就不會招人嫉妒嗎？不一定。**有時嫉妒像一場「龍捲風」，在我們毫不為意的日子，就出現。**

難以忘記的，有這樣一個畫面。就是在剛出道的日子，有機會與重量級的講員同台，那種戰戰兢兢的心情，非筆墨能形容。好不容易完成了各自的分享，台下的前輩

立刻跑過來聲聲恭賀，說甚麼「表現不錯」，卻惹起在旁的她烈怒，一句「別得意洋洋以為自己了不起啊，你以為自己是……（還是不寫出來好了）」如一盆冰水，倒頭澆過來。久久，心情才能平復。

「是的，我真的不是甚麼出色的料子。

是的，我太過不識抬舉。

是的，我太過……」

連串的自責，壓得人喘不過氣。這些時候，最需要的還是冷靜，讓思緒平伏，不要回應內心負面的責難。

事後回想，**誰才是我的聽眾？只有她嗎？**

她講的是事實嗎？若真的自以為是，求主寬恕！

那以後還敢不敢跟誰誰誰合作？那可是主辦單位的邀約，不是我主動的啊……

✲

想通了，人就坦然多了。

記得曾經有趟在講座中，將這個「不怎麼好」的經歷與大家分享。怎知跑來了自信滿滿的她，笑說：「你放心，我自信得很！是從來不會嫉妒別人的！」那好，實在替妳高興。不過，但其實不用對我說嘛！哈哈！

妒火呀妒火，就是這樣一個讓人討厭的名詞。當我們愈否認的時候，就愈證明了她的存在。惟有我們忽視之，不把她當作一回事時，她才不能這樣輕易地無風生浪。

至於耶穌教我們要愛仇敵，也就當愛這些嫉妒我們的人。接納與明白是可行的，至於愛，還是一個艱難的功課。反而大家保持距離，減少往來，對雙方都是好事。

有關「嫉妒」10想

❶ 嫉妒源於**比較**：總覺得為何是他不是我？為何她擁有比我多……

❷ 嫉妒的滋味起初是**酸溜溜**的，後來更變**苦澀**。

❸ 嫉妒是一種情緒，是對比自己優秀的人**心懷怨毒**。

❹ 通常，**樹大招風**是招惹嫉妒的禍端。

❺ 別以為嫉妒會讓人強大，其實是將**胸襟收窄**，讓人更不堪一「激」。

❻ 羡慕是「看見人家的好」，嫉妒卻是**「將人家的好看成不好」**。

❼ 嫉妒讓人的**嘴巴變扁，心術轉趨不正**。

❽ 嫉妒的人心中常出現的感覺叫**「耿耿於懷」**。

❾ 嫉妒者愛**揶揄嘲諷**，被嫉妒者通常**懵然無知**。

❿ **真愛，可以驅走嫉妒**。但只是泛泛之交，就保持距離吧！

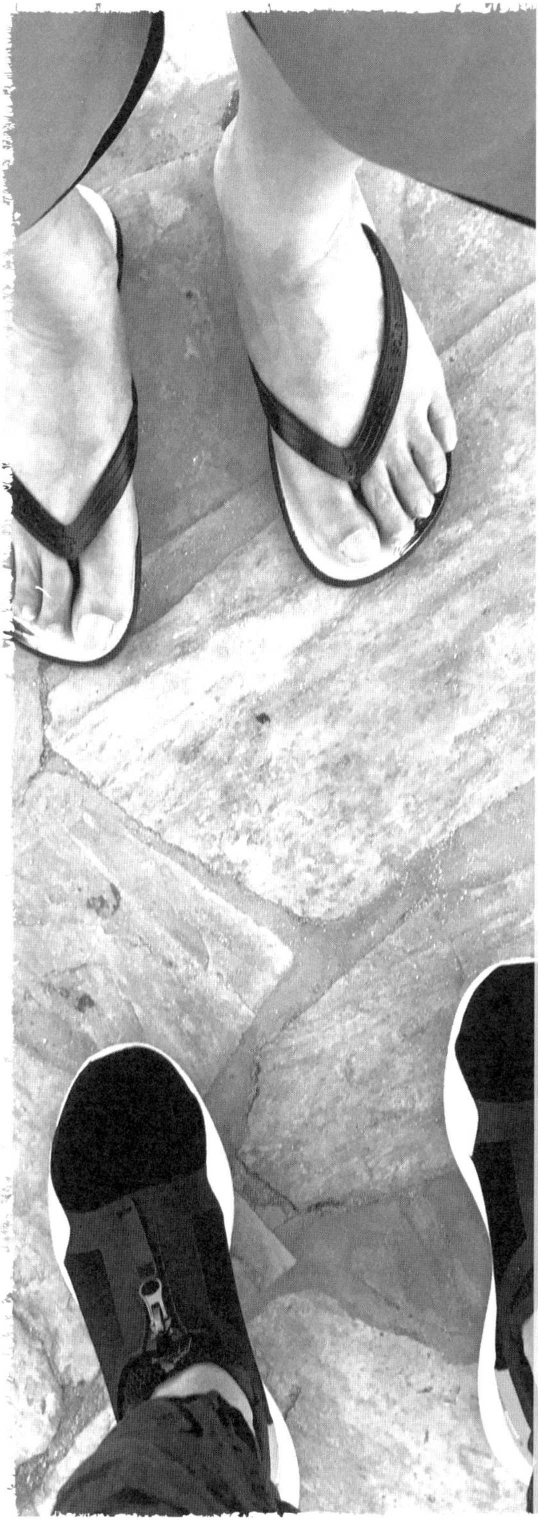

歲月
教曉的 功課

歲月讓我們逐漸明白，
被人瞧不起，
有時是福氣。

否則，
我們怎懂得甚麼叫
不屈不撓，
被人踩扁，
有時更見恩典。

因為滿以為被壓碎的自尊，
在祂恩手保護下，
仍完好無缺。

06

伯樂不常有，但總要等待遇上的一天

0.5分的激勵

一直以來，我算是個成績中等的人。正所謂「不上不下」，向上有上調空間，向下也有下調的自由。

成績中等的人，從來不是老師眼中的「耀目之星」。所以也落得清閒，沒有壓力。

至於父母，老媽常說：「盡力就好！Try your best！」她口中的「最好」，不是一百分，而是曾經努力就行。我的表現挺乖的，每每讓他們看到我喝「力保健」（就似現在流行的「紅牛」）挑燈夜讀的背影。所以在回憶中，總記得老媽拍拍肩膀勸我「早點休息」的慈容。

直到大學，因與老媽談不合攏，硬著頭皮去讀「數學」，更讓我嘗盡低分的滋味。更難過的是，無論怎樣努力嘗試去明白，那些艱深的微積分概念就是搞不通。還好那時記憶力超好，很多算題都是靠「背誦」拿分的。信不信由你，某算題是四頁A4的算式，都能倒背如流。

至唸神學院，才發覺自己最得心應手的，正是文科。雖然當時英語能力欠佳，但經過一番寒窗苦讀，成績漸見起色。一向喜愛收集資料整理的我，碰上那些要大做文章的神學課題，更是「如魚得水」般自在起勁。

好不容易神學院畢業了，滿以為這些「評分歲月」，此生不再。

怎也沒料到，工作上也有績效評分，甚至用來衡量升職與否。

❁

記得在某個年頭，時勢讓我升到某個職位。滿以為老闆會賞識鼓勵，怎知換來的竟是一場教訓，他那種「深慮選錯人又無可奈何」的憂戚，盡顯顏面。素來對人眉頭眼臉敏感的我，又怎會看不出來。

被人貶抑，卻偏不服輸，心底賭氣。所以每項工作，每個決定都全力以赴。最後終至積勞成病，進院養病兩個多月。還記得某個早上，年邁的老爸跑到醫院探病，眼泛淚光跟我說：「老爸年紀大了，不能照顧你了，要好好保重身子啊！」那刻才懂深切痛悔，該是兒女來照顧老爸，怎可以反其道而行，那是「不孝」。

自此，開始愛惜自己的身子，但同時，也盼望在績效評分上有點進步。只可惜，事與願違。愈用力去表現，愈感覺乏力。

更沒想到那天，親手接到那份只有0.5分的分紙。親眼看著他在那些領導特質的欄目上「打叉叉」，我的心情一直在下沉。**是的，我甚麼都沒有，只有 0.5 out of 10，是我此生拿過的最低分。**

還記得那天，拿著這張分紙，淚如泉湧流下。正在開車前赴另一場講座的我，做夢也沒想過大半生的努力，換到這樣的結果。不得不把車子停在一處，讓自己好哭一場，收拾心情再去講佈道會。還記得那題目是「陽光燦爛的日子」，怎也沒想過一個剛經歷「烏天暗地」的人，要去跟中學生述說甚麼是「陽光燦爛」，好諷刺！

但我告訴自己：「無論怎樣，這分數只是一個人的看法，一生的服事果效又豈能以此衡量。人在做，主在看的！」於是，站了上台，義無反顧地分享上主改變我一家的信息。呼召那刻，看見同學站起來，願意將生命交給主，我哭得很厲害。感謝主沒有嫌棄，仍在使用卑微的我！

此事之後，我更加相信，「此處不留人自有留人處」這句話的實在。離開有時，現在正是。更萬沒想到，離開了一座山，看到的竟是一片遼闊的天地。那兒好山好水，碰見更多的好人好事。

請記著，**分數只是一個數字**。是某人，某時某刻的「洞見」。是主觀的，**卻不是「一錘定音」的**。

怎樣看待這個「數字」，才是關鍵。是常常掛在嘴邊，視之為自我的終極評價？還是將之歸納為「一個人」的看法，出於彼此個性的南轅北轍，表達有異，所以無法欣賞？懂得選取後者，我們的心就得著解脫。

現在回想起來，我對評分的人是心存感激的。若非這樣重錘打下來，哪來膽量跑出安舒區，開展家長教育的工

分數只是一個數字，怎樣看待這個「數字」，才是關鍵。

作？若非拿這樣的分數，哪來洞見發現自己只適合當一個作者，而非投入出版事業？凡事總有好壞兩面，即使最糟糕的情況，也可以有發人深省的啟發。問題只是，我們願意接納嗎？

也因為這樣，我幾乎是轉了行。當了一位家長教育工作者，全情投入跟家長們分享親子相處，更不時觸及職場的衝擊，把個人這段「0.5 out of 10」的故事娓娓道來，惹來不少回響。也因為這個分數，讓我跟不少人同「分」相憐（或連）起來。世事就是這樣不可測透，誰想過這個見不得人的分數，卻是人見人憐的呢！

面對「被看扁」10思

❶ **人家被選上**，不代表我就被看扁。

❷ **培養自己的實力**，等待那天遇上生命中的伯樂。

❸ 請留意看扁我們的那人，**是怎樣的人**。

❹ 小心**「要證明給他看」**這句話。

❺ 別對那些**嗤之以鼻**的「哼」一聲如此在意。

❻ 若一而再再而三被看扁排斥，就得**好好反省**。

❼ 有時不是個人能力，而是**不懂人情世故**惹的禍。

❽ 有一道板斧叫**「化悲憤為力量」**，很好用的。

❾ 嘗試把思緒投放在那些**激發我們動力的人事物**上。

❿ 接納這是上主給我們的**職分與時間**。

閱有所思

個人較喜歡此書的英文名 *Falling Upward*，我曾將之譯為「跌得起」，意謂一個人面對中年轉折時，靠著神的恩典得以重新站立的祕訣。面對中年關口的你我他，該有時間讀讀吧！

《踏上生命的第二旅程》

Falling Upward:
A Spirituality for the Two Halves of Life

理查．羅爾（Richard Rohr）／啟示（2012）

歲月
教曉的功課

人生，是一場長途賽。
所謂燦爛，只是一時。
堅持走下去的，才是一世。

與其羨慕別人的風光，
嫉妒人家搶盡鋒芒，
倒不如找到自己
的角色位置，
恰如其分地演活
上主派給我們的角色。

那在後頭的，
才會是一台更精彩的好戲！

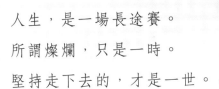

07

除去「不甘」，一天一小步走下去

亟亟爭取與「自然行」

還記得那個黃昏，在加拿大風光明媚的 Banff 城鎮某個湖邊。突然看見湖旁的一棵大樹，一條樹幹正剝落之中，搖搖欲墜。我見狀立刻上前，使盡全身力氣，把那樹幹一直拉著。

「你在幹嘛？那條樹幹很粗，不是這樣容易拉斷的？」旁人在勸我。

「但它好像要斷了，萬一有人走過就會受傷。不行！」這是我的回應。說罷，仍在使盡「洪荒之力」在拉。

「小心啊！」旁人見我這樣堅持，也就作罷。

那天，從黃昏到晚上，斷斷續續地拉了幾個小時。終於，樹幹斷了。我放手了，也甘心了！

「你呀！就有這種蠻勁堅持。不達目的，誓不罷休。」友人一語道破我的脾性。正是。

這也曾是我人生的座右銘。這世上沒有不勞而獲，更沒有結果是唾手可得的。做任何事情，都需要努力甚至亟亟爭取。

所以，很羡慕那些有天分的人，嫉妒那些有機會的。而那些沒有天分卻有機會，眼巴巴的看見對方不知怎的可以扶搖直上，更覺得牙癢癢般難受。

「為甚麼他可以，我就不行？」心底為自己不值的這句話，幾乎衝口而出。

面對這些「不可告人」的糾結，可以做的是：隻眼開隻眼閉當作若無其事，安於自己所擁有的，讓那種「不值不忿」的感覺「稍縱即逝」；又或者發憤圖強化嫉妒為力量，發揮個人所長；但最可悲的是怨天尤人，總覺得自己比不上別人，運氣不及別人好。

✻

見過不少這類愛埋怨的人，噴出來的都是負能量：

「早試了這個方法，一定不行！」

「我那有你這般運氣好……」

「別再叫我找誰了，誰都幫不了我……」

很多可行的方法途徑，都在他的烏雲蓋頂下被抹殺淨盡，不屑一試。只是這種想法也要留有一線，就是對方若不是這種人，只是被身邊的挫敗將他打擊至負面消極，那就得陪陪他度過難關，若發覺情緒過分負面沮喪，陪他尋求輔導甚至見醫生也是需要的。

至於亟亟爭取，本來是件好事。所謂「亟亟」，就是凡事盡多幾分力。如約了人九點，就早十五分鐘到達。要辦一件事，會檢查再檢查至「滴水不漏」。人家交帶的，會盡快、無誤完成……因為心中有一個階梯想攀升，有一個「遠大」的目標要完成。

年輕的時候，我就是「亟亟」的崇拜者。約了人家早上九點做訪問，我會早到一個小時，為霸「頭位」。人家寫一篇文章看一兩遍就算，我可能看完又看，改完又改，務求一字不錯。

這種「亟亟」，就是不介意汗流浹背，不在乎捱更抵夜，甚至為求達到目的而廢寢忘餐，六親不認，步步向心儀的目標進逼……最後，會把自己壓得喘不過氣，也讓他人退避三舍。

這也曾經是我的「下場」。在某年某月過勞工作下，暈倒在地，最後外子召了白車送我進醫院。最後發現身體患上高血壓，從此要與藥物為伍，但已後悔莫及。

做到「十分」，卻「一分不值」

但更可悲的是，世事難料。付出與收穫不成正比。滿以為，一分耕耘一分收穫，是常理。但十分耕耘，看不到一分收成，也極有可能。又或者，即使做到「十分」，在別人眼中卻是「一分不值」。這才要命。

記得初出道時，辛辛苦苦寫了一篇文章，怎知卻被前輩嗤之以鼻。好一個不屑的「哼」，還有那瞪著我的眼神，有如一記喪鐘，狠狠地敲醒了昏睡的我。好像說：「妳一點天分都沒有，還發甚麼作家夢呀！」

這是事實，還是你的個人偏見？

這真是我的不濟，還是你的嫉妒？

放手吧！

若真是上主要我走的路，祂會繼續開路。

若真是祂給的機會，是誰也不能奪去的。

只是，**過度的「亟亟」，已讓我幾乎喪心，還不如順其自然吧！**

唉，把抓得緊緊的放開，談何容易？放手了，會否被別人掠奪？放手，豈非便宜了對方？前功盡廢？

抓得緊緊的，是一種繃緊的狀態。很熬人的，不覺得嗎？

怕人家掠奪？人老了就明白，是我們的，跑不掉。不是我們的，怎樣努力也會溜走。

至於甚麼叫便宜？不一定是「得著甚麼」，有時學懂面對「失去」，更是如獲至寶。起碼活到今天，我們稍明白從前說過「沒有誰不能活下去」的這類話，都是心底那頭惡狼欺騙我們的謊言，今日，我們不是活得好好的嗎？

至於前功會否盡廢？有些事情，是上主讓我們開了頭，由別人承接。有些事情，是注定「爛尾」，所以上主早早將我們從那灘渾水中救拔出來。最難明瞭的，可能是明明還差一兩步就見到成果，但卻失了這個機會。

有時想想摩西，明明帶領以色列人過紅海，有過鎂光燈下的光輝歲月，但卻沒辦法進入應許之地，就是這種無奈吧。

因為摩西信靠順服啊！

信靠，是真正相信個人能力有限，所能做成的事都是主加力允許。

信靠，是看清光環算不得甚麼。到有天體衰力敗，心中常存的微光與聖靈微聲的提點才是走畢人生路程的重要裝備。

順服，是求主幫助我們除去「不甘」，挪開那些根本不屬於我們的「負面標籤」，順其帶領地一天一小步走下去，不慌不忙。

最近聽說睡眠狀態中，有一種叫「自然醒」。見過那甘願信靠順服的人，有一種狀態叫「自然行」，就是緊隨聖靈心意而行。看到他們臉上散發的滿足笑容，就知道這種「順其自然」，有多自在舒坦了。

”

順服，
是求主幫助我們除去「不甘」，
順其帶領地一天一小步走下去，
不慌不忙。

遠離「不甘」10訣

❶ 明白更多的「不甘」，只會帶來更多**內心的鬥爭**。

❷ 別老說「別人有為何自己沒有」，要先問**自己是否努力過**。

❸ 外界的說法，**只是說法而已**。

❹ 「不甘」的前奏叫**「彼此批評」**，小心！

❺ **想要魚又要熊掌**的心態，最容易讓人陷入「不甘」。

❻ 最終接納那是你的**際遇**，不一定最適合我！

❼ 面對驕傲自信者的豪言**聽過就算**，何必記掛在心。

❽ 有否想過把「不甘」放在**禱告**中，向主陳明？

❾ 請記住，生命只是一**片雲霧**，很多渴求都會**轉眼成煙**。

❿ 以**順服謙卑**為念的人，少被「不甘」捆綁。

三十多歲時讀過這本書，當時顛覆了我的思維。如今重讀，仍發覺其貼地實用，如果你正值此年紀，鼓勵你快讀。

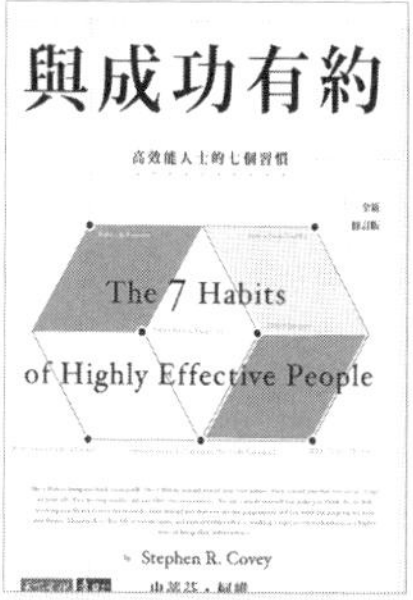

《與成功有約：高效能人士的七個習慣》

The 7 Habits of Highly Effective People

史蒂芬·柯維（Stephen R. Covey）／天下文化（2014）

原來，到了五十後，不是踏進老年，而是「熟年」，是再創人生，傳授知識，與年輕的分享洞見的好時機。這個看法燃亮了我對「人生下半場（後）」的反思，也是一本我會買來送給中年好友的書。

《熟年力：屬於新世代的熟年生涯規劃手冊》

With Purpose: Going from Success to Significance in Work and Life

肯·戴科沃（Ken Dychtwald）、
丹尼爾·凱德雷克（Daniel J. Kadlec）／大塊文化（2012）

Interlude

我心。愴痛

╲ 習慣與分離交手的我……

08

看著別人振翅高飛，也是一種滿足

追夢、師傅、進退

小三的作文「我的志願」，就寫過我想當一隻「爬格子的動物」，就是作家。那時，身邊的人都覺得這是癡人說夢，不可能的事。

直到中一那年，遇上生命中一位深深欣賞我的國文老師。整個人的生命，有一種脫胎換骨的改變。

那年，不知怎的，我沉迷寫詩。第一首寫的，就是：

孤舟帆影惹愁情，夕陽斜照倍淒清。
心中愁苦向誰訴，惟望雲開見月明。

哈哈，就是那種像老媽所說的傷春悲秋的無病呻吟，卻被老師看為有待雕磨的璞玉。還記得老師跟我說：「乃萱，妳這麼喜愛寫作，繼續寫吧！將來有機會可以成為作家啊！」「作家」這兩個字，正是推動我夢想的「強心針」。

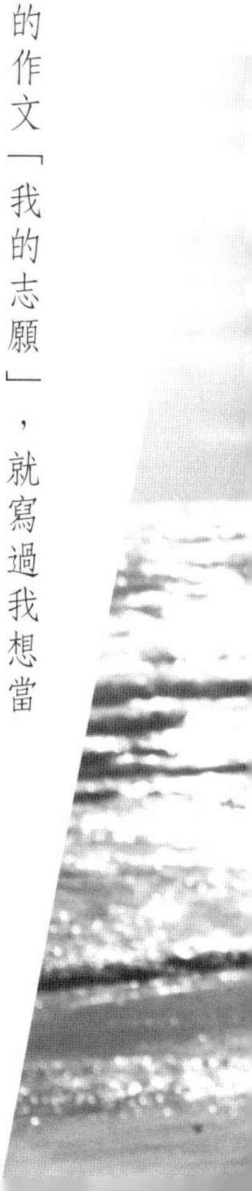

雖然往後的日子，再沒有老師像她這樣欣賞我，但「一個」已經足夠。

塞翁失馬焉知非福

「媽，我想唸中文，很想當作家！」就因為老師曾經這樣的稱讚，讓我鼓起勇氣，在當時父母輩的兒女個個喊著要出國留學，以進入「常春藤大學」（Ivy League）為榮的當下，我卻提出想赴台灣唸中文的夢想。

「不，寫作能混飯吃嗎？孩子，別妄想了！」老媽老爸一盆冷水，倒頭澆了下來，讓正萌芽的夢想濕了根。

好吧！既然不讓我唸文學，就跑去唸我最討厭的「數學」，這就是我「硬著頭皮去讀『數學』」（頁76）的原因。

那時的我，就是這樣一個「愛跟自己理想」作對的人。

背後的邏輯是：既然唸不到最想讀的，就唸最不喜歡也覺得最困難的那科。如果連這個也唸到，將來就甚麼事情都可以試試。也不管旁人是否同意，這就是十八歲的我當年幼稚的想法。

現在回想起來，也是好事。因為不是這樣選擇，我就不會去加拿大的蒙特利爾，也不會在那兒信了耶穌，更不會碰上影響我一生的配偶。

所以，現在遇見那些長嗟短歎，感慨「時不我與」的年輕人，就只有勸勉他學習那種「塞翁失馬焉知非福」的豁達。

生命經過幾許迂迴，終於碰上一位願意接納與栽培我的名師。就是在台灣當宣教士時認識的那位學生雜誌主編。

「我好想學習寫作，能給我一個機會嗎？」還記得那趟是在一個營會之中，外子一把將我推出去，說「這可能是妳一生最重要的機會」，要把握爭取。沒想到對方存記在心，至雜誌有需要做一個「香港一九九七」的專輯，就聯絡上我。結果，我乘「邀」追問對方是否願意收我為徒，在雜誌社邊學邊做，當起「實習編輯」來。

老實說，這是助我打好文字根基的開始。若沒有她的編輯訓練，也沒有日後可以回港繼續文字工作的機遇。

生命師傅，可遇不可求

正因為生命中曾出現過不少這樣的師傅，也就被不少人問過，怎樣才能遇上，彼此的關係該怎樣維持？

坦白說，這類的生命師傅，可遇不可求。一直相信，臭味相投的一羣人，總會「物以類聚」。**「怎樣的師傅」，就會去尋找「怎樣的徒弟」**。

不過，這不代表不能表達個人的意願夢想。即使表達出來，人家覺得是妙想天開，那又如何？畢竟是藏在咱們底心中的想法啊！而且，放在心中沒有採取任何行動，夢想又怎可成真？還記得那趟跟那位主編表示自己熱愛寫作，她就問我：「可以寄些文章給我讀讀嗎？」但當時的我，連一篇「見得人」的作品都沒寫出來，聽到主編的話，才明白「空有夢想沒有行動」是不切實際的。回到家中，立刻動起筆來，無論有靈感沒靈感時都寫，文章才能愈來愈通順。

另一個更重要的學習是，既然拜人為師，就得謙卑受教。還記得當實習編輯的頭一年，所有的文章都被批改得「紅筆處處」，慘不忍睹。有些時候甚至自問：「我真的可以當一個寫作人嗎？」後來才明白，任何的學習都有一個「瓶頸位」，只要堅持熬了過去，又會見到一段「直路」。學習寫作的過程，正讓我有如此體會。

不過，最大的矛盾是，「跟一個師傅可以跟多久？」身邊有些人認為，「能跟多久就多久」，這當然好。但因為時移地易，轉工轉職的當下，人離開了，就有一種「人走茶涼」的悲酸。但細心想想，**師傅教了我們一身「武功」，謝過了師，就該下山「行走江湖」**，不要再眷戀在山上舞刀弄劍的浪漫。

> 美妙的師徒關係
> 該是這樣「撇脱」，
> 而非無止境
> 的「纏綿」。

當人徒弟的，最難學的功課，就是進退。

開始的時候，見到良師，**抓住機會**拜師，是進。

師傅教甚麼，就努力鍛煉學習。不明所以的話，就要**不恥下問**。是進。

看準機會可以表現個人真功夫，就去爭取。是進。

人家交帶的工作，盡心盡意去做。樂於**默默耕耘**，是進。

跟同門師兄弟（或同僚）和睦相處，彼此欣賞，**不嫉妒，不張狂**。是進。

被人賞識不驕傲不自誇，仍覺得有許多進步空間。是進……

「進」，乃人的野心本性，要學嘛，不難。「退」，卻是逆性而行的。

在掌聲中明白該是時候讓座，讓後來者有機會「上位」。是退。

懂得**為後浪鼓掌**，並主動向人舉薦。是退。

懂得尊榮有時，**退隱有時**的道理，並實踐之。是退。

明白師傅教完了我們功夫，就該**讓位**給另一個他眼中的「得意弟子」。是退。

深深知道師徒關係多是一段時間，而非一生。因為師傅傳授絕活，已是大功告成，美妙的師徒關係該是這樣「撇脫」，而非無止境的「纏綿」。

進退 10 據

❶ 人家覺得我們可以勝任，只是一種說法。骨子裏，我們要知道自己的**實力**有多少，**長處**是甚麼，不能盡信別人的誇讚。

❷ 覺得前無去路的時候，**退一步看看**，就發覺通達的大路多的是。

❸ **進取**不是不好，但總是走捷徑的話，小心碰壁。

❹ 別因為「**不好意思**」**拒絕**，而讓自己陷入一種進退維谷的狀態。

❺ 被**野心**帶動的進取，很容易會讓人喪心。

❻ 一個人太**計較得失**，會讓自己寸步難移，何來進步？

❼ 常問自己「**可以為身邊的人做甚麼**」的進取之道，是推己及人的實踐。

❽ 每個人到某個階段，都要**學退下來的功課**。

❾ **披荊斬棘**的進取總是鋒芒四射的，但不如**功成身退**的落幕來得自在優雅。

❿ 進有時，退有時，**萬物各按其時成為美好**。

閱有所思

自盧雲神父之後，一直在尋找一位文字上的靈修師傅。某天無意中買了這本書，是被書名吸引。回家幾乎是一口氣讀完，裏面的原則不單是給領導的，也該是給凡夫俗子的提醒。也是自此，我開始收集跟閱讀古倫神父的著作。

《領導就是喚醒生命：靈性化的生命力領導》

Menschen führen: Leben wecken

古倫神父（Anselm Grün）／南與北文化（2008）

09

師徒間的恩怨情仇

學習放手，
才曉得何謂
永不止息的愛

友人是一位髮型師，他那行仍是奉行舊式的師徒制。所以每趟去剪髮，就見他常在換洗頭的小弟。

「上次那個小弟呢？」

「他已經當師傅啦！」嘩，真厲害！

友人收徒弟的原則，是對方有意學習，又有人推介的話，他就會義不容辭。

「那是否個個都可以當師傅？」

「哈哈，哪有這樣理想！有些怕辛苦，半途而廢；有些是有心學，卻沒有這方面的才華。有心有力又有才的不多！」

明白。

坊間曾經十分流行「生命師傅」這種說法，就是以「生命影響生命的師徒關係」。說來好聽，卻不易實踐。因為大家都忙，哪有這麼多時間空間來個「生命交流」？更何況現代人都是急功近名的，誰有這樣的耐性？

✲

過去日子，也算當過一陣子人家的「生命師傅」，卻換來不少傷心的經歷。

有些，是主動找上門的。初時以為對方有心向學，遂傾囊相授。那曉得，人家只把我當成一道橋，只是想佔個舞台，拿點曝光，又趕著「下場」了。哪有心思空間來個甚麼交流！

但真的有些是言之鑿鑿說要甚麼拜師學藝的，結果花了兩三年時間跟對方午間飯敘。說真的我也沒甚麼絕活可教，只是將一些人生體驗與之分享。滿以為這樣推心置腹的交流，可以營造一個長久的關係。怎知又是一個轉身，不見了蹤影。

記得那天，眼睜睜看著他們的WhatsApp「已讀不回」，就會問自己：「怎麼，又看錯人了？」

這也是我的脾性。身邊的好友就是知道我這德性，已多番規勸要小心誰走「埋身」，更提醒我人生苦短，不要輕易相信別人。還不如拔掉這個標籤，喜歡時就相約對方出來吃個飯，幹嘛這樣婆媽稱師道徒。聽來，也有其道理。

但無論有否標示這段關係都好，是師徒的話，需要彼此心照。至於如何為人師，我仍有某種執著。

❁ 首要，就是**重視這段關係**。不能隨便跟人家約定，然後消失無蹤。

❁ 其次，就是**無私**。既然要把絕活傳授給別人，就不要吝嗇了。有寬大為懷的心，會讓我們快樂地當人師。

”

不捨的關係若要落幕，
是沒有道理可講的。

❁再者，就是明白這段關係，也有完結的時候。無論徒弟多出色，多跟我們連結都好，學成了，他就要下山。不能處處黏著師傅的，否則，他如何能獨自發揮？

過去，我也曾有過類似的情結。覺得一日為師，就是終身為師。站在對師傅的尊重這點來說，是好的。但不代表要師傅提攜陪伴至一生一世，到了時候，就要話別。將自己的位置，讓給後來者。

❀至於徒弟若變臉背叛，絕塵而去，又如何面對？這情況也是會出現的。碰到這種情況，來個阿Q式的自我安慰吧：耶穌十二門徒之中，也有一位是出賣祂的猶大。我們碰上又有何稀奇？

雖然嘴巴很硬，聽起來挺灑脫似的，卻非實情。說到底，人是感情的動物，特別像我這等感情豐富之徒，就更為難。曾經自問，到底幹了甚麼落得這樣轉身而去的對待？那時你在情緒低谷中，我不是一通電話就跑了出來嗎？那趟你差點墮入感情的圈套，我不是出言阻止嗎……

為何一段付出深情的關係，可以這樣無疾而終。

坦白說，不捨的關係若要落幕，是沒有道理可講的。可悲的是午夜夢迴，竟如翻帶一般，將從前種種快樂時光重現，然後一個 black out，就見到翻臉不認人的那個……

「請放心，你不是特別的那個。對方曾這樣對你，也曾如此負我！」沒想過友人的這句話，卻如暮鼓晨鐘，帶來深深的覺悟。

是啊，**不要把自己想得太偉大，或者太渺小**。我只是對方棋盤上的一顆棋子。但這顆棋子看透之後，就不會再「任由擺佈」。而曾經付出的關愛，付出就是付出了，不該求甚麼感恩圖報。

「若經歷過背叛出賣，就不能再信任人了。」這是一位被好友背叛的人的剖白。明白的，就是一種「一朝被蛇咬，十年怕草繩」的無形恐懼。

但這非常不合乎我的本性，自知難以成為這樣的人。能做的，就是要求自己日後小心點，學懂帶眼辨人。但仍執著凡事包容、凡事相信、凡事盼望，乃待人之道。正因如此，我們的世界才會愈見寬廣，不會被過去的經歷所困。

有關「來去」的10個頓悟

❶ 來去，是**人生的常態**，請別介懷。

❷ 一個人想離開，就是留住也是一時，不如**放手**，讓彼此**重獲自由**。

❸ 哭著揮手說再見是難受的，但無論怎樣，總要**靠主剛強**。

❹ 跟那些虧待甚至不客氣攻擊自己的人**保持距離**，是自我保護。

❺ 即使那是個**背叛**的身影，但仍選擇即使受傷也要**對人善良**。

❻ 被**離去**屢屢傷害過的心靈，會謹慎看待近前來的人，是**醒悟**的開端。

❼ 最難面對的是那些說留卻走，說走又來的人，心情容易**被牽扯**。

❽ 請相信，**好心腸的人**總會碰上那些跟自己一樣良善與傻氣的人。

❾ **歲月無情**，**時間有限**，別花心思在那些來去不明的過客身上。

❿ 好好珍惜，那些無論發生甚麼事情都**留在身邊**的人。

歲月教曉的功課

知道自己的限制，
拒絕便成為
不得不學的功課。

但要接納，
拒絕是有後果的，
包括被誤會、被標籤等等。

但若心中有個譜，
明白甚麼是上主的呼召，
而有所為，有所不為。

對準標竿，
無怨無悔，直奔！
便會愈來愈發現
那真正的自己。

10

保持交往的距離，讓彼此都有進退的空間

生熟／親疏朋友之道

這天，年輕人問我：「聖經教導我們愛人如己，那是否代表甚麼人都要跟他做朋友？」

哈哈，年輕時我也這樣想，因為年輕，精力充沛嘛！

那些年，舉凡在任何場合，碰見新朋友，三兩句開場白，大概知道是否志同道合，然後交換電話，說「有空約出來談談」。就是這樣，開展了當時的人際網絡。

那約了出來，誰請誰吃飯，都不是問題。那年頭像我們這樣的「打工仔」，多數AA，很少扮豪氣請人家吃飯的。最有趣的，倒是交談甚麼？從電影閱讀，至旅遊心得，還有湊仔經，照顧老人家或健康妙方等等，天南地北都可以聊過不完。最興奮的，莫過於碰見志趣相投，比方說愛看某作家的書，看某導演的電影等等，很快就成了幾個月見一次的相熟之交。

當然另一個問題是：誰先聯絡誰？這不是問題。通常我都是那個主動的，讓對方感受到那句「有空出來聊聊」並非客套話，而是「說得出做得到」。通常，這樣主動伸出的友誼之手，對方甚少婉拒。而我當時的工作是當編輯，廣結朋友延伸網絡，在公在私都說得過去。

常覺得，朋友之道貴乎彼此尊重，也會彼此幫忙。留意，是「彼此」，不是「無事不登三寶殿」的厚顏之輩。皆因現代人時間寶貴，需要朋友幫忙，一次可以。再一次的話，也得想想人家為何「白白」幫我？我又曾否真心關懷過別人呢？這些都是在交友過程中，常撫心自問的。

只是隨著年歲漸長，碰見的人也愈來愈多。有時顧得了這個，就會冷落了那個。朋友的名單愈來愈長，也需要有些「選擇」。

❂ 首先，有些人是**自動淘汰**。因著工作環境的轉變，不再聯絡（或懶得聯繫）了，又或者他另有所「熟」（就是相熟的對象）。任憑我們苦苦相約，對方仍以「忙碌」為託辭推搪，那就不如放手吧！那管昔日如何熟絡都好，現在就是步入「冷卻期」。我們需要做的，是將他們從熟朋友的名單中剔除，否則就是自尋煩惱。

❁當然，也有些人是**需要淘汰**。就是那些只以「攫取個人利益」為目的，拿到「著數」後就不見蹤影的人。坦白說，明眼人交往過一兩次，就知道這只宜是泛泛之交，若看不出，也總在吃過兩三次虧後，學得精明吧！

❁「那為何不交往下去？說不定能改變對方，還可以向他傳福音呢？」以前也有過這樣的想法。現在，不會這般天真了。只會謙虛說句，他可能需要福音，但絕非個人功力足以應付。

至於**傳福音成為交友的目的**，更並非我的初衷。我的原則是，以真心交朋友，也以真心相待，不會帶有其他目的。但從另一方面想，若我們的生活與信仰結合，從不隱瞞，那麼跟好友分享人生順逆的點滴，個人信仰怎樣影響價值取向，就會自然流露出來。

❀ **「那你會邀請朋友返教會嗎？」**會啊，但不會刻意勉強。即使對方不答允，仍會熱情相待。記得有一趟，在那個外訪回程的車上，沒有信仰的她突然問我「怎樣信耶穌」，正是大好機會讓我娓娓道來信仰怎樣改變我一家，隨後也就乘勢邀請對方返教會。今日他們夫妻倆，已成了教會的中堅分子。始終深信，聖靈會引導我們何時開口分享福音的，別太心急就是。

❀ 這兩年，對於交友，我更相信這句**「有緣千里能結連」**。所以這兩年交往的好友，有好幾位是早上靈修禱告後就想起，搖個電話相約出來吃飯的，也有在街角常遇見的，也有話很投機就感覺要聯絡的，當然還有一些是認識於微時，一直少聯絡卻在人生另一場景重遇的。屈指算算，都有五至十位。對著這些新相識或重新連結的好友，我是心存感恩的。因為茫茫人海，每日在奔波忙碌中度過，我何其有幸能成為你的好友，豈能不心存感激！

”

隨著年歲漸長，
碰見的人也愈來愈多。
朋友的名單愈來愈長，
也需要有些「選擇」。

有關距離10想

❶ 人跟人之間，還是**保持點距離好**。

❷ 走得太近，會讓人產生**不切實際的聯想**。

❸ 人際間沒有了距離，很容易連**禮貌**也欠奉。

❹ 請留意，**過度**的親密親切，不是人人都受落。

❺ 保持距離的交往，是讓彼此都有**進跟退的空間**。

❻ 許多時候，距離讓我們**更看得一清二楚**。

❼ 脫下外衣的**坦誠相近**，**要慎選對象**，否則會招來遍體鱗傷。

❽ 如果我們的生活是輛疾駛的快車，就更要**跟前車保持距離**。

❾ 同樣，如果身邊出現風馳電掣的快車客，咱們還是**走遠點好**。

❿ 我們若**與主親近**，讓祂引領我們的關係，就最安穩。

閱有所思

曾野綾子的書素來是我的收藏，這本有關「友情」的，是女性最敏感的題目。聖經其實談得很多，但整理出來符合女性需要的卻少，這本談的不是膚淺的關係應對，而是深入淺出將經文或聖經故事與生活應用結合，讀來常讓我有眼前一亮的啟發。

《聖經中的友情》

曾野綾子 / 天下雜誌（2009）

人際關係的斷捨離，是重情的人最難學習的功課，非靠外面的智慧提點不可。這是其中一本提點我的好書。

**《可以善良，
但你要有底線不當好人：
人際關係斷・捨・離，
勉強自己和別人好，
不如找人真心對你好》**

午堂登紀雄 / 方言文化（2017）

11

人情世故就是識做

凡事凡話留餘地，對大家都好

這天，收到一位只有一面之緣的年輕人捎來電郵，說在某個場合曾見面，很想多談談大家關心的議題。那封電郵寫得簡潔有禮，盛意拳拳，我二話不說就答應了。

見面喝咖啡，聽他娓娓道來創立社企的夢想與實踐，不得不佩服他的堅毅不屈的精神。更難能可貴的是，道別沒多久，就收到他的 WhatsApp 答謝。

另一個場合，見到另一位年輕人，很渴求一個工作的機會。看他能言善道，對自己的未來甚有抱負，便幫他度橋搭路。結果真的機會出現，立刻催他回覆別人。沒想到三催四請，WhatsApp 更是「已讀不回」，最後更是錯過了面試的機會。遂忍不住問他為何爽約，那曉得他的回答竟是：「本來我是很想要那份工作的，但思前想後又覺得不適合自己，所以不出現了！」

「那起碼也該通知一聲，而不是悶聲不響就失去蹤影啊！」我終於忍不住說了他幾句。

這兩位年輕人年齡相若，但處事待人的態度，卻大大不同。我深信，前者的成就肯定會比後者優勝，因為他年紀輕輕，就懂得人情世故，完全沒有把別人的幫忙視作「**應分**」。

這也是家母在生時常訓誨我的。一個人懂得唸書，只是書獃子，但對知識充滿渴求好奇，又**懂得做人**的話，肯定成功了一半。現在回想，母親所言甚是。

甚麼是識做人，即是懂得人情世故？

那就是對人要有基本禮貌。最起碼也要以「禮貌用語」來打招呼，不會隨便喊一些不相熟的人的名字（甚至全名），總得有個稱呼。就算交談的時候，也會看著對方（而不是看手機），不會動輒就打斷人家的話，坐上人家的車盡量坐在司機旁以示尊重、打噴嚏要掩鼻子等等，別以為人人都知道，其實父母可能沒教。所以很多人說，是否識做人跟父母有很大關係。

這方面老爸老媽還是頂嚴格的。人家送禮一定要再三道謝，別人的幫忙亦要銘感於心。人家給你東西（即使是名片）也要雙手接過才算恭敬等等，這些都是從父母的循循善誘，以身作則學習回來。

特別是屬於別人的東西，老媽再三叮囑一定要問過人家，才可以摸碰。除非自己做不到的事情，否則絕不會輕易麻煩別人。

凡此種種，都是真正的「**阿媽教落**」。

老爸則因常與洋人相處，對人情世故這玩意，就是要懂得講幾個英文字。

如「有求於別人」就一定要講 Please, thank you。真的有急事要在人家交談中打岔的話，就一定要講 Excuse me。如果真的做錯，就要立刻說 sorry，愈快愈好。至於人家幫了我們一個忙，就算多熟，也要說 thank you。

✲

不少人以為「識做」就是「假」，認為「熟不拘禮」才是「真」。我卻偏偏認為，「**禮多人不怪**」。試問這世上，有誰不想被尊重的？懂得尊重別人的人，才能贏得他人的尊重嘛。

至於「不識做」是無知的話，那還容易。給他一些原則，啟導一下很快就可以「上手」。認識一些朋友，父母真的在家沒教，出來工作時便在跟人家跌跌撞撞中學習。

若是**無心學習**，覺得**隨意待人才是真摯**，那就只有讓他「隨便」好了。試問有誰會想跟一個不懂禮貌好歹的人合作，這些人嘛，早晚會吃苦頭的。

至於人情世故怎教？當然是情境練習。怎樣跟人打招呼？怎樣要求別人幫忙，幫了之後又怎樣道謝？其實，只要有心，就自然會工多藝熟了。

別小看人情世故，在追求夢想的路上更不可或缺。

說到底，懂得做人是人與人的潤滑劑，能為孤躁的人際關係，帶來絲絲的潤澤呢。

不少人以為「識做」就是「假」，
認為「熟不拘禮」才是「真」。
我卻偏偏認為，「禮多人不怪」。

人情世故10想

❶ 即使碰見不喜歡的人或事，也**不會形諸於外**。

❷ 人家幫了我忙，會表達**感謝**。

❸ 參與喜慶，一定跑去**恭喜**主人家。

❹ **禮尚往來**，是對彼此的尊重。

❺ 跟人家**意見不同**，可以禮貌表達。

❻ 禮多人不怪，還是**客氣**點好。

❼ 別以為跟人家很熟，就忘了**禮貌**。

❽ 懂得**尊重稱呼**別人，人也懂得尊重你。

❾ 凡事凡話**留餘地**，對大家都好。

❿ 人家將禱告事項告知，**默默禱告**就是。

12

苦難，
催逼我們長大，
放下掌控的雙手

苦難教曉了我……

認識我的人都覺得，我是一個極其勤力與講求紀律的人。我從不否認。因為背後推動我的信念，就是媽媽從小就告訴我：一分耕耘，才有一分收穫。沒有耕耘，就沒有收穫。這是童年的我深深知道的。

媽媽更常說，甚麼東西都要吃，因為一天「日本仔打到嚟就無得食」。所以我從小已不偏食，更愛試吃「新」食物。

有人說，這種熬練造就了一個人可以「吃苦」與迎接新挑戰。不敢當。但卻讓我明白，幸福非必然，**苦難隨時埋身**。

卻沒想過，苦難頻臨，卻是極難應付的學習。

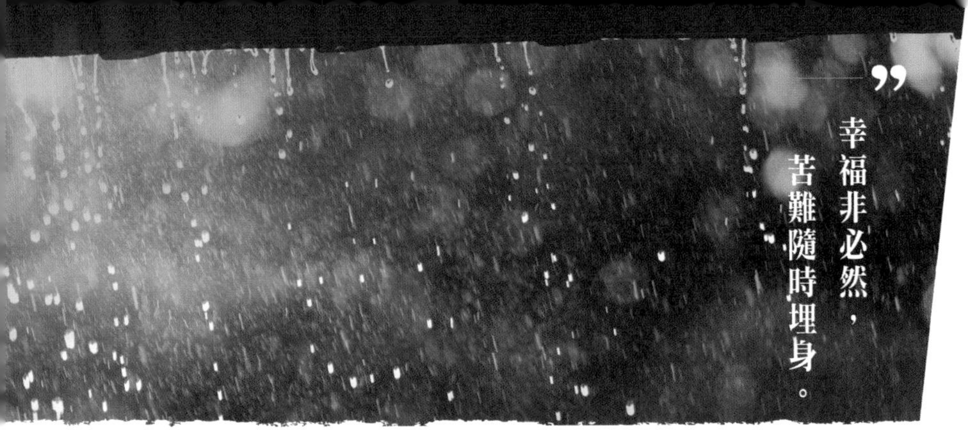

幸福非必然，苦難隨時埋身。

✲

由於一出生是個未足月的嬰孩，自幼體弱多病。所以吃藥打針看醫生，是生活常態。媽媽最誇獎我的，就是打針不哭，吃藥更是大顆大顆地吞下去，一點難度都沒有。

對很多人來說，生病臥牀，已是大忌，但外子卻說我乃「久病成良醫」，每一趟生病，除看醫生外，還會四出尋求治病的良方（其中最有效的，就是治久咳時，塗一層V字頭的薄荷藥膏在腳底板上，穿上襪子，再塗在鼻子跟脖子上，如果是冬天就箍條頸巾，倒頭大睡就行）。

是的，對於一個一出生就動過手術的人來說，進醫院與患病，不值得大驚小怪。但面對人生的連番意外，如水火風災，或生老病死，還有離棄背叛失業等等，一關接一關接踵而來，卻讓我招架不住。

先說水災。嚴格來說，是淹水之災。就是在台北服事的尾聲，正準備打道回港之際，卻碰上一場風暴。狂風暴雨之下，我們的寓所淹水了。一覺醒來，發現拖鞋書本在漂浮，下牀站穩，已是水深及膝。一場淹水，將所有家當都淹濕，至愛的神學書本都真真正正的「泡湯」了。

幾年後，就是故居燒了一場三級大火。我是在凌晨四點接到電話，趕到娘家只見爸媽被煙薰黑的臉，與家當全毀欲哭無淚的樣子。那場大火給我最深刻的教訓是：搬家裝修時，一定要全屋鋪過電線。因為老家就是換了分體式冷氣，卻因電線太舊負荷不了而引起大火的。其次就是該堅持父母受驚後進院檢查，還記得那夜看見媽媽口吐黑痰，卻偏順她意沒逼她進院檢查，否則，她可能不至半年後猝然中風早逝離去（**雖然我深信生死在主手中**）。

接著，身邊朋友的離開，工作的轉換更替，人際間的離合親疏等等，都讓我上了一堂接一堂的苦難密集課。

❀

記得多年前，曾讀過一句說話：面對苦難，總有要學的功課。那直到如今，苦難教曉我的功課是：

苦難是無可躲避的。正所謂「人生不如意事十常八九」，特別是生老病死這門課，誰能避開。早晚都會碰上的，還是早作準備好。

苦難的意義是一個奧祕，有時很難參透。就如至親離開吧，很難有一個理性的原因是能接受的，常聽到的是「最好的時間」、「最好的安排」，也總是在哀傷過後，才能說出的話。更多時候，我寧願將之視為不能解釋的

「奧祕」，因為再多講就是對哀傷者雪上加霜。

苦難讓人連結。面對苦難的經歷，是流淚難捨，心痛難忍，但不知怎的，心靈卻像多增了一條頻道，叫做「哀傷」，讓我們跟同類經歷的人連結。已經不只一次，因著類近的經歷，上主讓我跟他們結連，許多時候話不用多，一兩句大家已經明白，感同身受似的起了共鳴。

苦難中有恩典。初信主時最感動我的一首詩叫「足印」，說的是縱使面對巨浪翻騰，風雨飄搖，但主會將我們抱起同行。如今可以告訴你的是，從前風聞，如今實在經歷。那種深刻的同在與平安，特別在那些只能「趴」著俯伏在地禱告的歲月，是永誌難忘的。

苦難讓人成熟。經過歲月的磨練煎熬，終於明白：曾經亟亟爭取的，原來不是最值得的；上心在乎的那些關係，不一定可以生死相隨；看見別人的刺的同時，也要審視自己眼中的梁木。現在人過中年，開始有點明白保羅所說「**視萬事為糞土**」的真意，但更要學習的，是怎樣將基督視為生命的至寶。

✲

苦難，催逼我們長大，離開幼稚的思維，放下掌控的雙手。

苦難，調教我們眼中的焦點，要放在基督身上。除祂以外，別無所依，別無所靠。

這艱難的功課，至今仍在參悟中……

歲月教曉的功課

愈來愈明白，
所謂「橫逆疾苦」，
是一個揭穿心靈底牌
的過程。

讓我們看到：
一直追求的、仗賴的、
珍惜的是甚麼，是誰？
然後明白，
經過多次的灰心喪志，
焦頭爛額，甚至險些
連性命也沒有，
卻深切知道生命中
最可靠，
最不離不棄的嚮導，
就是主耶穌。

有關學習「盼望」10思

❶ 無論面對任何事情，都知道仍未到**揭盅一刻**。

❷ 縱然遭遇**撇棄否定**，但知道祢愛我到底。

❸ 所經歷的苦難都是**暫時**的，主的同在卻是**實在**的。

❹ **盼望**不是盲目的樂觀，以為生活美好沒有難關，而是知情後的**信靠與篤定**。

❺ 特別在四面受創時，**仍緊握祢手不放棄**。

❻ 學習禱告中經歷那種**看似捆綁卻是自由**的喜樂滿盈。

❼ 因為親眼看見前輩如何從**難關中微笑走過**，成了我們的見證與安慰。

❽ 盼望最難的動作是：**定睛仰望**（潛動作是「放下手機」）。

❾ 每天按著聖經的應許禱告，然後**等待祂的作為**。

❿ 盼望就生**忍耐**，相信 **God is good all the time**。

13

惟有緊握祢手，
直到天涯海角

苦杯還是福杯？

這幾天，接二連三接到好友的電話，都是跟家人的生死有關。

「怎麼沒想到老人家暈倒，就沒再醒過來……」

「他怎麼可以這樣一走了之，一句話都沒留下……」

「該做的都做了，就是沒辦法挽救！」

人生的悲歡離合，就是這樣突然，讓我們往往措手不及。

記得年幼時，唸過「人生不如意事十常八九」這句話，那時的人生多在預期之內，總覺得這句話太悲觀。如今，卻覺得很真實。

✲

記得剛信主沒多少年，跟弟兄姊妹談及甚麼是「豐盛的生命與苦難的關係」，有人覺得向主禱告，祂就會祝福保護供應，這就是豐盛的人生。也有人覺得，生老病死是人生難免的磨難，如何從中經歷神的同在，才是信仰的真諦。

人生到底是福杯滿溢，還是苦杯處處？抑或兩者都是。

這問題自信主以來，就思考良久。不如先定義甚麼是「苦」吧！想來，起碼都有四種：

❁ **自討自找的苦**：事情不如己意或期望，就會覺得苦。就正如近日教育局的廣告對白那樣：「打波先嚟落雨、比賽先嚟拗柴、着新鞋先嚟踢花、考試先嚟失手、臨過關先嚟跳掣、做 Project 先嚟……」說的都是芝麻綠豆的小事，只是「不按我們的理出牌」而已，就會感覺受苦

激氣，說穿了總有點兒「自討苦吃」。

當然還有那些「你不信，我偏要證明給你看」的苦，或者是「我偏不聽」人家好心勸戒的苦等等，最後只有獨嚐苦果。

❁**苦盡甘來的苦**：在父母的年代，就是「吃苦頭」。孩子要吃得苦中苦，才能當人上人。只是這年頭，父母都為孩子準備一切，讓孩子快樂成長，挪移攔阻的障礙。所以孩子不明白這種需要努力奮鬥才能達成夢想的苦，需要血汗歷練才能拿到名次的苦，這種早已失傳的「苦難」教育。

❁**意料之外的苦**：這苦從來不能避免，就是天災人禍疾病加在一起的組合。意料之外的事情，打亂了我們人生的時間表，甚至來個大顛覆。最後明白，人生不會永遠一帆風順，最重要的是風浪來時我們的錨是否牢靠。

犯錯受傷的苦：做錯了事，說錯了話，一定會有後果。像因婚外情而婚姻破裂的夫妻，一定會對孩子的成長造成影響，是不爭的事實。

這四種苦，都有各自的難受。對我來說，最難過的莫過於意料之外的連環災劫。

回望過去的人生路上，有好幾次的災劫，都是「孖住上」，是接二連三的，不給我一口喘氣的機會那種。

還記得那兩年，經歷了反覆無常的背棄，身體久病難愈，每天還要應付「不順暢」的大小瑣事，幾乎天天新款。直到某天，菲傭情急來電說：「家中漏煤氣呢！」我竟然麻木至回答：「隨他吧！小事而已！」

原來，連環災劫的後果，是大災疊小災，感受是一層疊在另一層之上，因為已經被壞消息震撼至麻木了，反而對當下發生的事感受沒那麼強烈。那種感覺就像身體經歷大手術的傷口未愈，隱隱作痛，身體上另一處小小的皮肉傷就會沒有那麼痛，也是同樣道理。

身邊人聽到我的狀況，會問：「那怎辦？人不是會嚇得魂飛魄散嗎？」

也是那些日子，我禱告的言語寡少。甚至試過趴在地上，唉哼落淚，**無語問蒼天**。即使在禱告中，也只能輕輕吐出四個字：「求主憐憫！」

❁

那段日子，好像天天都在掛心靈的風球。一級，三級，有時十級。困境艱難依舊，心靈甚至有種風雨欲來的驚懼沉重。終於，我撐不住了，身體患上重感冒，失聲病倒。還記得那是個主日的早上，不用講道，跟外子何牧師回到教會，躲在一角，準備敬拜。

豈料，一唱詩歌，我就潸然淚下。想起所面對的困苦，想起失去至親的憂傷，想起兩個星期後還要主講聚會，我對主說：「主啊，能讓我感受祢的同在嗎？因為沒有祢的同在，我實在撐不下去！主啊……」

就在這刻，一首新歌連曲帶詞在心靈中迴盪。我邊唱邊哭，感覺很震撼。連忙推推身邊的外子，用幾乎沙啞的聲音說：「主給了我一首歌！」他示意我把歌詞記下來，就是：

我漂泊　祢尋找

我流浪　祢緊張
為何祢會在乎我
在我不知不覺間
祢深知道　我一直在逃避

若堅持「順服主的心意」。
喝著的「苦杯」，
到頭來卻是恩典滿溢的「福杯」啊！

我低頭　正迷茫
我抬頭　見祢光
主祢緊緊抓住我
對我不離也不棄
伴我同行　直到天涯海角

我願意　跟祢走
我順服　隨祢旨意
一生一世不回頭
愛護家人握祢手
恩惠慈愛　永遠相隨
恩惠慈愛　永遠相隨

我趕緊在電話上，把歌詞記下來。接著找了一位姊妹幫我寫成了歌譜。最後這首歌就成了兩個星期後機構家庭培靈會的主題曲，名為《緊握祢手》。

這是個難以言喻的奇妙經歷。對早已不沾音樂的我，滿以為主會透過一本書，一篇講道，甚至一位長輩的話帶來激勵。從沒想過，祂竟然透過一首歌，告訴我祂是何其明白我的軟弱，但更重要的，是祂不離不棄的陪伴同行。

「主啊，我願降服，隨祢心意，不再擅作主張！」還記得領受了這首新歌的晚上，我跪著向主祈禱，再次把生命獻上。

是的，人生有很多苦杯要喝，但若堅持「順服主的心意」。喝著的「**苦杯**」，到頭來卻是恩典滿溢的「**福杯**」啊！

面對人生風暴10想

❶ 每個人對風暴的看法都不一樣。對弱不禁風的人，任何風吹草動也是**摧殘**。

❷ 人生的風雨欲來有時是會有**前奏**的，敬請留意，做好**預防措施**。

❸ 過去一**直努力經營的根基**，是否抵得住風浪，就在此時。

❹ 面對**不能預測**的風暴，常讓人有種啞口無言的震撼。

❺ 那種面對風浪的**無力無能感**，過來人就明白。

❻ 被風浪打擊至**俯伏在地**，會讓我們深深明白個人力量的渺小。

❼ 有時，會想躲進一個叫「**逃避**」的防風洞避避稍歇！

❽ 避過一時，就明白要好好面對，讓風浪**喚醒**我們沉睡已久的靈魂。

❾ 原來這一切，是叫我們的**靈魂甦醒**，好迎見祢啊，主！

❿ 主是那狂風暴雨中**仍坐著為王**的主耶穌。

14

好好接納這個
脆弱有情的自己

生離死別是不會習慣的……

別以為經歷過多次生離死別，就會習慣。

原來不是。

✲

想起，念起，總有無盡的回憶。

第一次真實地碰觸死亡，是外公去世。那個早上，只知道爸媽趕了去醫院，及後就見到哭至雙眼紅腫的媽媽說：「外公走了，去了世界另一個地方。」然後，就在殯儀館見到躺在棺木裏的外公，一點不像平常的他。還記得當時為了好奇，也為了想跟外公道別，我竟斗膽伸手去摸外公的手，發覺是出奇地冰冷，始恍然明白這就是「死亡」。

但知道死亡，卻不代表有心理準備去面對。

二十多年前媽媽猝然中風離世，就殺個措手不及。還記得接到爸爸的電話說媽媽吃著醉雞翼，突然大喊頭痛就暈倒不省人事，幾天後返了天家。

記得媽媽在彌留之際，醫生讓至親逐一跟她話別。我抓緊她漸冷的手，答應她要好好照顧爸爸，照顧家人。但無論醫生怎樣安撫，給足心理準備，至媽媽斷氣那刻，我發覺自己情緒失控了……

還記得那刻，立刻奔往病房外的公眾電話，想打電話通知親友母親的死訊。怎知排隊前的那位女生，一直拿著電話跟男友喁喁細語，情急的我看在眼裏卻是氣上心頭，竟貿然向她大喊：「我媽媽走了，要打電話通知親友，你要談情請到別的地方……」這莽撞的舉動將對方嚇個半死，快快丟下電話溜了。只有我怔怔站在那兒，不知所措。

也是因為母親的**猝然離世**，連一句話都沒留下的不辭而別，開啟了一道門，讓我有機會**窺探生死**這課題。更明白人的哀傷，總會經過五階段：否認、憤怒、討價還價、抑鬱、最終才是接受。我是經歷了一段很長的時間，才「接受」母親離開的事實。

在那段難以接受母親離開的日子，許多人嘗試開解我，他們的動機都是出於愛。但不是每句話都聽得進去，那些「一節經文」的安慰，心領了。那些勸我不能太傷心，「有失見證」的忠告，明白的，但傷心就是傷心，強顏歡笑不來。最難過的，是有人會說因「上主看到我愛媽媽比祂深，所以把她取走！」天啊！**我們都不是上帝**，那有權代表上主說話，特別是面對生死的奧祕。

”

那些「一節經文」的安慰，心領了。

那些勸我不能太傷心，「有失見證」的忠告，

明白的，但傷心就是傷心，強顏歡笑不來。

那段日子，沒想過最能給予安慰的，是一天接一天的連場豪雨。孩子向我詮釋為「因為天父也知道婆婆走了而流的淚」，跟孩子夢見婆婆在雲上安好而捎來的問候，都是極療愈的。

但母親的離開，卻像開了天邊的一扇窗般，在窺見人生的生老病死之餘，更生出不知怎來的勇氣，多走一步去陪伴那些與死蔭幽谷共舞的好友。

首先接觸的，是喪妻的Y跟意外喪夫的P。他倆的另一半都是我的好友，卻英年早逝。讓年輕的他跟她帶著稚子，開始喪偶的單親生活。那時我也剛喪父，於是一把將三個傷心人拉在一起，開始了「**同哭下午茶**」。就是有空就相約一塊，訴說跟所愛相處的種種往事，說著哭著，就過了十多年。

接著，就是陪娟妹走過她患癌症的最後歲月。還記得有天她告訴我，落進死亡黑洞中的角力與黑暗，我還攬著她一同禱告，暗暗慶幸她在死亡邊緣走了回來。

友人曾問，這些陪伴分享，會否讓我習慣了死亡，知道怎樣跟摯愛道別？

不。即使我去過多少次安息禮拜，跟多少好友在他們生前話別都好。當真要說「再見」那刻，仍是會大哭或流淚，難捨難別，仍覺得有很多遺憾。

❂ 如會想：能多握握他的手，多聽聽他的話，多好！為甚麼不懂得珍惜，為甚麼還傻傻地以為來日方長，還有下一次？

❀會念記：那些在耳邊的叮嚀，那些支持的眼神，那些在臉書留下的片言隻字……想多讀讀，多念念，怎麼一下子都沒有了？

❀會問：為甚麼昨日還談笑風生的你，今天就可以消失無蹤？為甚麼說好的下次再約，竟是最後一回？

❀最悲哀的是，任憑我們怎樣提問，呼喊，四面牆都是寂寥的，沒有回音。一點也沒有。

我們百思不得其解，百問也沒有一個滿意的答案。

原來，離開就是離開，連說再見的機會也不再。

❀

看著天下雨，彷彿世界也在哭。看到天放晴，彷彿你在微笑。

滿以為你們就這樣一聲不響走了，甚麼都沒留下。但看著藍天白雲，聽著浪聲鳥語，思緒又再湧現：

想起你說：要好好去活，不要浪擲光陰！

想起妳說：如果不在身邊的日子，要找一個能口出諫語提點的人！

想起你說：要把生命留給更重要的事情，不能耗費！

原來，都沒有忘記，一點都沒有。

✲

原來，離別是不會習慣的。因為我們心中有愛，對逝去的人有念，所以仍會捨不得，仍會不習慣，仍會悲歎難過。那就好好接納這個**脆弱有情的自己**吧！

即使今天，仍會睹物思人，觸景依舊傷情。但卻深深知道，彼此生命的碰觸，從沒割裂，而是長埋心坎。

原來，

離開就是離開，

連說再見的機會也不再。

10個離別感言

❶ 時候到了，就要**說再見**，無論多麼難捨。

❷ 最**瀟灑**的再見，是頭也不回的轉身而去。

❸ 如果**決定離開**，就不要回頭看了又看！

❹ 離別在即，**傷感**難免！但最難是過後的**收拾心情**。

❺ **長痛不如短痛**，用在離別的抉擇上，也行。

❻ 想想沒有你的日子，**難過**！但別讓自己難過下去。

❼ 如果不懂珍惜，還不如爽快點說再見，免得**彼此拖累**。

❽ 雖然你選擇遠去，但仍**衷心祝福**你的未來。

❾ 離別也許只是**片時**，到了時候，又會**再相見**。

❿ 面對離別錐心的刺痛，請**向主呼喊**。

閱有所思

我買了作者雪柔·桑德伯格的第一本書《挺身而進》(*Lean In*)，還沒機會打開來讀，卻收到她先生猝然離世的消息。此書是她喪夫後對生死友情家庭工作的反思，一個人經歷過這樣大的打擊，寫出來的文字，讀來更有「味道」，是苦中帶甜的「甘」啊！

《擁抱 B 選項》

Option B:
Facing Adversity, Building Resilience, and Finding Joy

雪柔·桑德伯格（Sheryl Sandberg）、
亞當·格蘭特（Adam Grant）/ 天下雜誌（2017）

在人生最困難的歲月，幾乎是每天都拿來讀。有時幾天只讀一段，反覆思考。誠意推薦給正在服事的幽谷中的你！

The Rule of Saint Benedict

St. Benedict /
Vintage; Reprint edition (1998)

Adventure

我心。甦醒

╲ 尋回安然無憾的我……

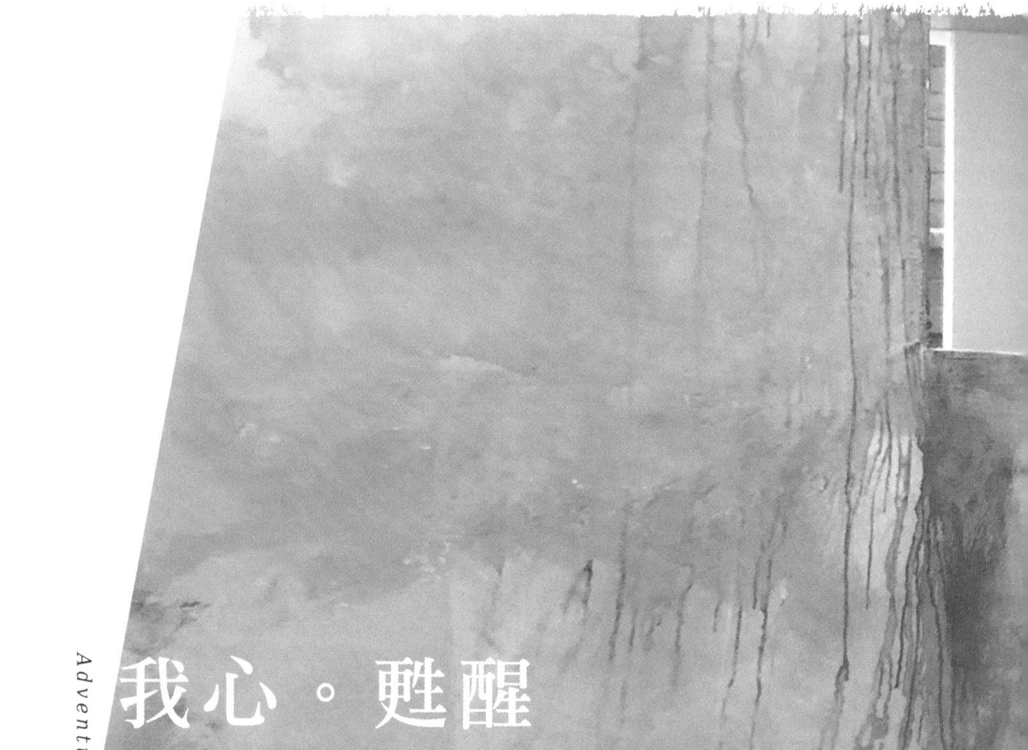

15

若是祂的心意，
就踏上去吧

夢想，有時是要逼出來的

童年時的夢想，是當一個作家。及後碰上良師，也遇上欣賞自己的伯樂，總算如願。

滿以為，一生的工作，就在默默地爬格子，改稿，寫書。怎也沒想過，創造我的主，卻另有計劃？是我想也沒想過，甚至推辭過的？

那就是我現在從事的家庭教育工作。

十多年前，仍在從事青年工作的我（那時為一本青年雜誌主編），覺得跟年輕人在一起是最有意義的工作。至於甚麼婦女事工，從來不是我那杯茶。

還記得當年有一位師母，跟我分享她的婦女異象。我的回應是「不置可否」。她見我沒拒絕，便邀請我在一個婦女課程中講了幾課，結果被那些姊妹好學的炯炯發光的眼神感動了，開始「入局」。

❁

直至走到生命的轉折點，在時勢擺佈下，被逼離開心愛的文字工作。感覺前無去路，後有遺憾。那刻，疼愛我的外子邀請了我去一個教牧禱告會。對服事有點心灰意冷的我，覺得反正沒事可做，「去就去吧」。

到了那所教堂，出奇的看見人頭湧湧。好不容易找到一個座位，坐下沒多久，那位女講員就上台了。

「上帝告訴我，在我們當中，有一位從事傳媒的人，能否請他或她站出來。我有些話要告訴他！」

心想，雖然我從事雜誌編輯，也算傳媒。但總不會是指我吧！（坦白說，雖然一直以為自己「不害羞」，但那刻卻是有點「怕醜」的）

只見現場鴉雀無聲，沒有人肯站出來。沒多久，又聽

主必為妳打開所有傳媒的門，讓你成為祂的橋樑。

到講員在呼籲：「請站出來啊！主吩咐我有些話跟你說！」甚麼「主吩咐」？聽罷，我更懼怕。把頭垂得低低的。「希望他可以站出來回應，然後我才開始講道。」這下，怎辦？但看看身邊的外子，他沒有太大反應。那我只有繼續把頭埋在「沙堆」。

「師母，她好像在喊你啊！出去吧！」豈料，坐在我另一邊的姊妹，認出我來，推了我一把。

好吧！出去就出去，聽聽也好。出於好奇，帶點無奈，終於站了出去。

她見到我，就用手按著我的頭，禱告說：「主必為妳打開所有傳媒的門，讓你成為祂的橋梁，就是教會與社會中間的橋梁……」

聽到的那刻，我的心是抖動的。真的嗎？Too good to be true。

聚會結束，跟外子離開之際，她的禱告仍在心中回響。但看看「現實」，我正一無所有，連編輯的那本雜誌也停刊，更要離開工作多年的機構。當「橋梁」，是怎樣的一道橋梁？想不通啊！

「那她這樣說，是否一種『算命』的意味？」還記得向當時被禱告更新的外子，問了這樣一個問題。

「你不如將之看成是『神對你的鼓勵』，即 exhortation，可以嗎？」這是他的回應。

好吧，沒問題。

❁

只是這件事，我沒多久就忘了。因為中年失業，要忙著找新的工作。

但沒想過，身邊最緊張的，除了枕邊人外，竟是老爸。後來才知道，他獨自跑到一所傳媒機構，哀求機構當事人（也是他的朋友），好歹也給女兒安排一個職位。對方當然沒答允，只是敷衍他，最後也不了了之。但我在事後聽到，感動不已。老爸啊老爸，真的是**謝謝你默默的愛**。

其實，當時的我也挺緊張的。四出找人聊天吃飯，看看有否新的機遇，給予這個「中年女人」。還好，有一兩個職位可以考慮的。但心中又會反問，剛從一個機構跳了出來，又要跳進另一個嗎？

最後，聽到母會的會友對我的呼喚：師母，教會正在更新與發展中，回來服事吧！

當然好啊。回到所愛的堂會與弟兄姊妹中間，是美好無比的。

有此想法，當然第一個跑去問的，就是外子，也是母

會的堂主任。怎知他堅決拒絕，更用這個「當橋梁」的禱告來激勵我往外闖。

那我該做甚麼呢？眼見當時開始投入家長教育的工作，對婦女事工的態度也開始改觀。每逢講罷一些家長講座後，也聽到聽眾正面的回響。還有身邊人的鼓勵，社會的需要、認同等等。心中對家長教育的異象，逐漸萌生。

✿

終於，在**半推**（形勢所推）**半就**（心中開始有火）下，雙腳踏進了家長教育的行列。

”夢想，有時是想做的事，有時是想也沒想過的事。

屈指一算，已是十多個年頭。當中經歷過不少艱辛歲月，愈多的接觸愈明白現今家長的困苦艱難。

最讓我動容的，是一位家長跟我說：「甚麼叫鼓勵我的兒子？他已經十二歲，每天我對他的態度只有兩種：不是罵就是打！」

「那你可以拍拍他的肩膀，鼓勵他，叫他『加油』啊！」

豈料，她的回應竟是：「從小到大，我都沒被爸爸媽媽抱過攬過親過，怎樣拍他肩膀啊！」

那刻，我無言。難道很機械化的告訴她：「將妳的右手作45度角微彎就是！」

不，不。

「你過來，讓我攬攬妳，可以嗎？」

只見她低著頭，走到我身邊。我使力將她一攬，她就在我懷抱中，哭泣起來。

一個沒有嘗過愛的媽媽，又怎懂得將愛給孩子？這世上還有多少媽媽像她那樣，從沒嘗過父母的愛？如果她有機會聽到耶穌愛的福音，她的生命會改變嗎……

離開了這位媽媽，心中仍迴盪著這些問題。也成了我日後服事的指引。

✲

夢想，有時是想做的事，有時是想也沒想過的事。有時，更是被逼出來的。

夢想10思

❶ 在我們心中有哪些事情是一直在**攪動**，卻沒有追尋過的？

❷ 別小覷**白日夢**，有天可能會成真的啊！

❸ 童年的時候，有寫過「**我的志願**」嗎？有否完成？

❹ 過去一兩年，有哪些事情是做起來**心情愉悅**、**得心應手**的？

❺ 夢想**可大可小**，不要因為太大而覺得沒有可能，太小而覺得微不足道。

❻ 那些一提及就讓我們**雙眼發光**的事情，可能與夢想有關。

❼ 身邊朋友有**鼓勵**過我們做甚麼嗎？

❽ 若真是值得追尋的夢想，會在**心中發芽**的。

❾ 夢想的追尋若**能與世上需要接軌**，更是好得無比。

❿ **從主而來**的夢想，更可能是我們沒想過沒聽聞過的。

閱有所思

愛跟年輕人聊天，也常跟他們談到工作抉擇的操守原則，這本書是一篇篇易讀短文的彙編，累積了很多大智慧，也是我向他們推薦的。其中一篇〈為了履歷表而考的證照並不中用〉，哈哈，深得我心！

《給 10 年後不後悔的自己》

藤卷幸大（Fujimaki Yukio） / 悅知文化（2014）

歲月教曉的功課

不要抗拒改變，
特別是那些無可奈何，
迫於無奈的……
雖然今天的感覺
是焦頭爛額，
沒有出路，
但過去了回頭再望，
卻發覺
我們衝出了安舒區，
硬著頭皮面對了
真實的自己，
走上了一條
祂早為我們預備
嶄新的，
想也沒想過的路。

16

我仍相信學無止境

沒有甚麼比「用心」更重要

過去的年代，一個人打一份工，就是一世。除非，出了甚麼意外。像老媽就是一個例子。

老媽本來唸音樂，一直活躍於音樂界。直至四十多歲的某年，因聲帶生了繭，不可以再唱歌，就轉行當股票經紀，而且是香港的第一位女股票經紀。媽媽利用其女高音的優勢，成了市場內矚目的那個：因為一把女聲喊出「X地三千股」，無人能蓋過其聲調（當然也是惟一的女聲），成了市場炙手可熱的。曾問她為何投入一個完全不熟悉的行業，她的回應卻是：

「就是因為不熟悉，才要去學！只要有學習的熱誠，甚麼年齡都可以從頭學起！」

過去這些年，老媽的這番話，一直銘記在心。誰說年紀大了，記性差了，不可以重新開始的？

我才不信呢。只要秉持一顆熱愛學習的心，就會學無止境的。

✲

感謝老媽自幼培養我對閱讀的興趣，所以我從來都是書不離手。家中的書架總是放滿大大小小、不同類型的書籍。而最吸引我的學習途徑，除了上課以外，就是閱讀。

過去當雜誌編輯的日子，每個月要負責一個專題，遂趁勢「催谷」自己，每月博覽不同主題的書。至後來投入親子教育，這課題的書更成了首選。然後，就是婚姻、心靈、兩性、還有靈性操練等等，都是閱讀的主線。

喜愛的作家，如盧雲、古倫神父、史托得、魯益師等，還有兩位女作者伊莉莎白·庫伯勒—羅斯（《用心去活》的作者）及瓊·齊譜斯特（《老得好優雅》的作者）都是深得我心的。記得前輩曾提點，若喜歡一位作者，就把他的所有著作都窮盡來唸，這樣就成了「他」的專家，聽來也有其道理。

「那有想過重投學府，唸個甚麼學位嗎？」這問題，早就被前輩問過。但每趟這樣想的時候，總有新的可能出現。

記得第一次有此念頭，就是女兒四歲那年。考進神學院，準備修一個半工讀的輔導學位，怎知面試那天，正是老媽離世的翌日。我是帶著一泡眼淚去面試，整個人都在深切的哀悼之中。後來，讀了幾科也就不了了之。

幾年以後，想進修的念頭再起。可能是在家長教育行業熬出了點頭，旁人就勸喻我快點讀個博士（或甚麼碩士都好），正考慮之際，政府一些委員會的任命就來了。那時的考慮是，這些委員會是適合我投身的，也是個難得的

> 不過問心一句有沒有學位，真的是這樣重要嗎？還是經驗見識閱歷可以補足？

機會，學位嘛，還是放一邊吧！

自此，也就沒想過再進修了。

搞笑的是，現在有些邀請我去演講的機構，不看清楚我的履歷就說「羅乃萱博士」，嚇得要急忙澄清。也有過這樣一次，坦白跟邀約的主辦單位負責人分享我沒拿博士的始末，最後對方不給原由就取消了該場講座，事後反省是否自己坦白惹禍，還是對方只在乎學位資格，那沒拿博士的我，只有認輸了。

不過問心一句有沒有學位，真的是這樣重要嗎？還是經驗見識閱歷可以補足？

對我來說，沒有甚麼比「用心」更重要。每一趟的家長講座，都是用心準備，盼望分享「貼地」的、切合家長需要的。而在工作中一有空檔，就不忘閱讀有關課題的書籍，緊貼最新的理念，這是我對自己最起碼的要求。

但我更享受的，是講座後跟家長的互動分享。聽到他們的心底話，嘗試設身處地明白他們的掙扎。所以每趟講座是勞心勞力，也是費神的，但心靈卻是富足的。

時至今日，我仍相信，學無止境。

今天學會這個道理，明天又有新的道理。從書本上讀到這個知識，又可以從不同的人身上看到這個知識是否能實踐。所以，生命中的**每一個人**，**每一本書**，都是我可以**學習的對象**。這樣的人生，才是真正的充實與豐富啊！

有關「本事」10訣

❶ 本事不是我們說有就有，到底有沒有，人家一**眼看出**。

❷ 通常，本事都是從專注培養一兩項**專長**開始。

❸ 真正的本事，不一定與學位掛鈎，卻跟**重複操練與經驗累積**不可分割。

❹ 那些說本事可以在短時間培養出來的，是**騙人**的。

❺ **真正有本事的人**，通常不會口口聲聲宣揚自己有多本事。

❻ 與其羨慕或嫉妒人家的本事，不如**自己培養**一種本事。

❼ 沒本事是否跟自己的**慵懶**、**沒紀律**、**不願下功夫**有關？

❽ **天天嘗試**，**全力以赴**，並從**錯誤中改正**，是培養本事的不二法門。

❾ 挑戰人家「你有本事就這樣」的人，**心虛**居多。

❿ **不要看自己過於所當看的**，是看待本事應有的心態。

一直覺得，人之將死其言也智，更何況一直從事臨終關懷的大師伊莉莎白・庫伯勒－羅斯。這本書同樣是我多年來一讀再翻讀的，也啟發了我主動陪伴面對病痛哀傷的友人，走過死亡幽谷的旅程。

《用心去活：生命的十五堂必修課》

Life Lessons:
Two Experts on Death and Dying Teach Us About the Mysteries of Life and Living

伊莉莎白・庫伯勒－羅斯（Elisabeth Kübler-Ross）、大衛・凱思樂（David Kessler）／張老師文化（2017）

這是一本我放在書架上，反覆翻讀的書。作者談的有不少是讓我心耿耿的課題，讀著，就釋懷了。

《老得好優雅》

Gift of Years:
Growing Older Gracefully

瓊・齊諦斯特（Joan Chittister）／天下文化（2017）

17

神的旨意，我的心意

聚焦、等待、看見祂的作為

作信徒的，很渴望能了解神的旨意。更覺得每天活在祂的旨意帶領中，是多麼美好的一回事。但事實上，我們又很容易混淆神的旨意跟我的心意。甚至把我的心意，當作祂的旨意。

怎麼說呢？以下是一例：

曾有姊妹跟我分享，她在夢中見到與A君踏上紅地毯結婚，問我這是否上主的啟示？

「這……也得看看A君是否有此意？」怎知等來等去，A君都毫無表示。更有趣的是，隔了沒多久，又有另一個她，說在夢中見到自己跟一位弟兄結婚。心想，不會又是A君吧！怎知，又是他。

A君是誰，大家不用猜，總之是受姊妹歡迎愛戴的王老五。難怪，姊妹都傾慕他，是有原因的。至於是否神的心意，那就存疑了。起碼，我們的主不會建議A君跟兩位姊妹結婚吧！

這只是一個例子，也是我們對神的心意揣測錯誤的主因。就是我們將**自己想要的**，跟**合神心意的**，混在一塊。

✲

我們想升職？想要一位理想伴侶？想要一份薪水優渥的職業？想要一棟更大的房子？想要孩子……這些都無可厚非，也沒有錯。當然，也可以向上主禱告。至於給不給，何時給，怎樣給，都是祂的主權。我們只有聽命的份兒。

那神的心意既定，我們又何用祈求？禱告後，坐以待「應」（就是等候神的回答）不就得了？這個問題，也一直是我思索的。因為自臉書的專頁開始以來，不止一次收過有關「神的心意」查詢，問題都是大同小異：「禱告了很久，神都沒有回應，周圍的環境也沒有改變。是神不聽禱告？還是我聽不到祂回應？」

這使我想起多年前初出茅廬的一件往事。那時的生活是拮据的，再加上營養不良而致體弱多病。那年，久咳未愈，又沒有餘錢看醫生。但在某個天寒地凍的晚上，家中門鈴響起，開門一看，出現眼前的正是當時服事教會的牧者。他遞給我們一個信封，內藏著一筆足夠看病的愛心奉獻。記得當下拿著信封的我，熱淚盈眶，不知如何回應。牧者說這是神感動他要作的。那時想，怎麼這樣奇妙，我們剛向上主呼求，求祂醫治我的病，牧師的奉獻就來了。「神啊！在感覺孤苦無靠的日子，感謝祢垂聽了我們的禱告！」這的確是當時最深切的感受。

也許，這也是我們最渴望的：在人生墮進低谷之際，上帝立刻回應禱告。好讓飢餓的得著飽足，患病的得著醫治，失業的得著一份工作，這就是「祈求就得著」的真人版嘛。

✲

只是，在人生的歷程中，這些「回應」不常有。更多的是，在苦難磨練中，等了又等，操練等待的能耐。我們滿以為「等待」是甚麼都不做，翹起雙手在空等。是嗎？不。聽過一位牧者說，要學等待，要跟 waiter 學。一個出色的 waiter，是知道自己在等甚麼，也留意著客人的一舉一動，聽從客人的吩咐。換句話說，就是禱告祈求之後，有否留心讀（或默想）主的話，有否留意身邊事的發生，身邊人的出現等等，這些都是上主回應我們的蛛絲馬迹。記得好多次，在街角遇上的誰，正正是我當下最需要

禱告祈求之後，
有否留心讀（或默想）主的話，
有否留意身邊事的發生，
身邊人的出現等等，
這些都是上主回應我們的蛛絲馬迹。

連結的對象。每天晚上，我就會記下這些感恩的點滴。

至於神是否會用說話來回應？主說話的聲音是怎樣的？這……真的不敢亂說。自信主以來，較肯定是主對我的吩咐，全都是關乎個人去留抉擇的。如最初聽到一個意念要離開從事多年的文字工作，投入親子教育，也不敢亂跟人家講。一直禱告等待，得到配偶家人的支持，屬靈長輩的認同，還有衡量個人的異象恩賜是否適合，與受眾的回應接納等等，才戰戰兢兢開展這人生下半場。

而在尋求神心意的路上，**最怕的是亂冠上「上帝對我說」之名**。因為任何議題，有一方一意孤行，說成「上帝對我說」，就像封了一道溝通的門，大家也只有閉口。

再說清楚點，就是最怕那種將上主心意化成一個讓自己獨斷獨行的「保護罩」。特別是那些牽涉到羣體或別人的事，就更難說得清。別的不說，單就婚姻戀愛事宜，是不能單憑一方面講「神說你就是我將來的那位」就強迫另一方接受你示愛。如果真的是出於神，雙方都會有那種感覺吧！只有單方面的「表白」，真的是「神心意」嗎？

至於上主是否有回應禱告？一方面除了繼續不住祈求等待，用心留意聆聽上主的回應之外，神的心意，對我們的期望，不都在聖經中明明白白的說得一清二楚？每天的讀經禱告，讓我們對祂行事的法則愈來愈了解，也是幫助我們明白上主心意的不二法門啊。

神的旨意，我的心意，很難的課題，但千萬別搞錯啊！

面對內心聲音的10個思量

❶ 要**辨別**這些聲音的出處。

❷ 這些聲音帶來的**感覺**是怎樣？

❸ 這些聲音讓我們更懂得**愛自己**，還是**厭惡自己**？

❹ **感覺失敗頹唐**時，這些聲音會跑出來嗎？

❺ **自我感覺良好**的時候，這些聲音會否提醒我們？

❻ 若這些聲音是在吩咐我們做這做那，就更要**小心印證**。

❼ 面對那些**否定**的聲音時，內心有否一種對自我的認定？

❽ 有沒有發覺，內心深處，有一把**更微小**的聲音在說話？

❾ 特別在夜闌人靜時，這把聲音就在**呼喚我們的心回歸**？

❿ 此刻的我，願意**回應**這把微聲的呼召嗎？

閱有所思

在書架上，這本書我買了三本中文版，一本英文版。可見我多重視！因為我們太少跟深層的自己對話，多是自說自話，或希望上帝聽到我們的話。怎樣追尋一生的志業，學懂面對真正的自己，非讀此書不可！

《與自己對話》

Let Your Life Speak: Listening for the Voice of Vocation

帕克．巴默爾（Parker J. Palmer）/ 商周（2017）

18

讀經禱告不老土

回歸初心，學習單純地信靠仰望

記得剛信耶穌的時候，牧師就跟我說：「每天一定要靈修禱告，親近上帝。這樣就能多明白神的心意。」至於禱告，就是把需要告訴上帝，等待祂的安排。

至今，仍記得當時的禱告蒙應允包括：

初抵蒙特利爾大城迷了路，禱告問主，然後發覺大學宿舍就在身旁。

某天情緒低落，在大雪紛飛的校園漫步，口中唱起讚美的奇異恩典。路邊突然出現一頭松鼠，愣在那兒雙手合十似的，聽我唱歌。我邊唱邊流淚，深深感受這是神的同在。

每天在房間內，為女宿舍中沒信耶穌的香港女同學禱告，盼望她們有機會聽到福音。結果，她們都有此機會，還有幾位信了耶穌（多少年後，重遇那成優異的她，不但篤信耶穌，還在教會工作。那刻的感動，非筆墨所能形容！）

邊寫信向爸爸道歉，求他寬恕我的不孝（因曾在日記寫下「我恨爸爸」等字眼，皆因當時不能接納他的情緒抑鬱病）。最後爸爸回信說他跟媽媽都樂意接受耶穌……

✲

要數這樣的禱告蒙允事情，還有很多很多。回顧生命許多的轉折點，上主都是不離不棄。

只不過，日子久了，我們的眼睛開始昏花，耳朵開始發沉。將**靈修讀經禱告當作等閒**的日常公事，覺得可有可無。尤有甚者，是要準備講道的日子，就很容易將講道的準備，與靈修混為一談。

曾有好一段日子，將靈修變為釋經。一段經文，起碼讀一個星期。博覽羣典，寫下釋經要義。滿以為懂了，只是頭腦上的認知，心態依然。

也有好一段日子，將靈修變為例行事。總之跟著一個表，讀完了就打勾勾，就算是讀過了。至於神怎樣透過聖經向我說話，所思不多。至後來聖經出現在手機上，靈修好像更容易，也更「**不著邊際**」。那就是**草草讀了**便是，跟看臉書差不多的心態……

直至七年前，外子帶回一個讀經表，還有兩本練習簿。如是者，展開了我倆一同靈修抄經文的好習慣，竟是重拾「與主聯繫」的新開始。

❀ 每天早上，讀的是一小段舊約、新約，還有詩篇，箴言。然後，把那些印象深刻的經文（即被觸動的，很有感受的，突然發現的，讓我們對神的行事作為有多一份了解的）抄了下來。起初抄了很多，後來想簡潔點，發覺抄**一兩節經文已足夠**。

❂**這種靈修的好處是重拾書寫的樂趣**。原來自電腦打字後，我們已少用筆來書寫。書寫下來的文字，可加深記憶，同時也可變化多端。怎變法？曾試過一年用「左手抄經文」，也試過「經文旁配上繪圖」或「貼紙」，總之變化多樣，讓這本靈修抄寫本子變得更有個性人味。

❂而有趣的是，寫了經文以後，心中就冒出了許多想法，其實是一些靈修分享之類。那時心中有一個意念催逼我寫：那其實是妳一直做的**雜誌的網上版**，好好寫吧！就是這樣，我開展了臉書的專頁書寫（https://www.facebook.com/loosmt2012/）。至今累積了一羣讀者，一直與我同行。曾有傳媒想採訪我怎樣經營專頁累積人氣，我婉拒了，其實我只是順服內心的感動去執筆，沒有甚麼策略在背後，沒有甚麼

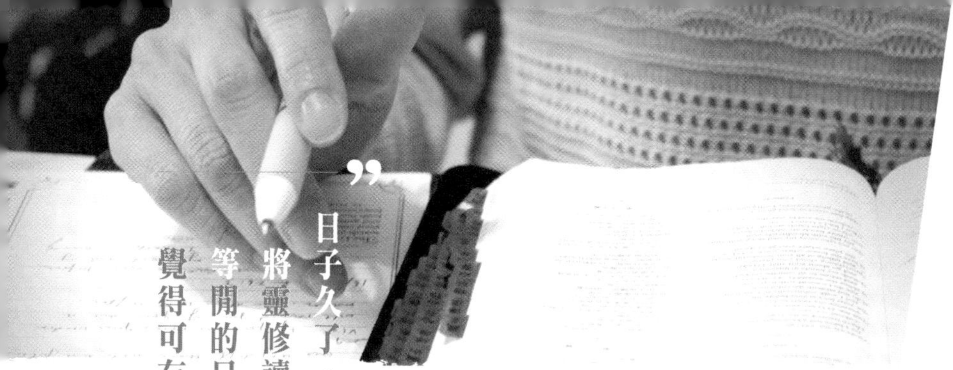

值得訪問的。

✻

至於禱告，曾在一個十分注重禱告的機構服事。聽到來分享的屬靈前輩，不少是清晨四點起牀就靈修禱告，起碼兩個小時。對那時的我簡直遙不可及，禱告長一定就是虔誠？還是「短小到肉」？還是……

記得在我們結婚的勸勉上，牧者只送了一節經文給我們。那就是：

我是葡萄樹，你們是枝子。常在我裏面的，我也常在他裏面，這人就多結果子；因為離了我，你們就不能做甚麼。（約十五5）

日子久了，將靈修讀經禱告當作等閒的日常公事，覺得可有可無。

講的就是我們跟神的關係連結，說得通俗點，就是不要「當神無到」，要知道祂在，且常與我們同行。

只是，聽到是一回事。至全然參悟，卻是一輩子的學習。

特別是禱告，這最難學的功課。到底是我想神聽我說甚麼？還是我想聽到神的心意？到底是神按我們的本子辦事，還是我們等待觀看神奇妙的作為？到底我們現在落得如此下場，是聽錯了，走錯了路？還是自己偏行己路，再冠上「神的名字」，告訴人家是「神叫我這樣做的」……

當我們愈認識聖言中的上主，愈明白祂的作為，就愈不會搞錯。即使搞錯了，只要歸向祂，祂仍會引領我們從水火中經過。

很喜歡一位基督徒作家也是屬靈大師 Oswald Chambers 的話：

「有關敬畏神最奇妙的事情就是‥當你敬畏神，就甚麼都不用怕！」（"The remarkable thing about fearing God is that when you fear God you fear nothing else, whereas if you do not fear God you fear everything else...," *The Highest Good–The Pilgrim's Song Book*）

套用在禱告上，就是當我們無時無刻都認定神的同在，「當祂有到」，我們的生命就能按著祂旨意行，無畏無懼。

現在，很享受每天開車與主對話，或內心有驚恐疑慮立刻向祂稟報。因為知道祂是那天天願意背負我重擔的主。

❊

是的，在這個年頭還談「讀經禱告」，好像很老土。

”

到底是我想神聽我說甚麼？
還是我想聽到神的心意？
到底是神按我們的本子辦事，
還是我們等待觀看神奇妙的作為？

但卻是個人靈命的根基，根扎得不穩，上面蓋的房子就會倒蹋。只要耕耘個人的心靈成為「好土」，又何懼人家說我們「老土」？

歲月
教曉的功課

只有受過傷，
才明白傷的痛。
只有吃過苦，
才會享受甜。
沒痛沒苦的人生，
沒有味道。

惟有痛過傷過，
撫摸著那結了痂
的傷口，
我們知道，
當中有挫敗失誤，
但也有眼淚恩典，
成就了今天這個
真實的我。

10種力量

❶ **堅持**的力量，可以讓人看見夢想成真。

❷ **忍耐**的力量，可以讓人看得更清，想得更透徹。

❸ **溫柔**的力量，可以讓人面對強勢而不畏懼。

❹ **沉默**的力量，可以讓人聽到那說不出口的話，其實最有份量。

❺ **謙卑**的力量，可以讓人退一步仍穩住腳步，看見前景。

❻ **關懷**的力量，可以讓人在孤單中感到溫暖。

❼ **信心**的力量，可以將不可能的變為可能。

❽ **等待**的力量，可以呼喚遠去的歸回。

❾ **寬容**的力量，可以讓人心靈鬆綁，放下心頭大石。

❿ **禱告**的力量，可以讓人心改變，家庭轉化，一切更新。

19

手術前後，恩典依舊

眼淚，恩典，成就了今天這個無憾的我

還記得那些年，有好幾個月的日子，感覺身體很不對勁，總是有點隱隱作病，卻未有機會去做詳細檢查。但因答應了去外地服事，結果仍要帶著虛弱的身體上場，每趟完了聚會，總有一種上氣不接下氣的虛脫。

回港後依然馬不停蹄，一星期三至四個聚會，外出開會見人，還有每個星期的廣播錄音寫稿等等。因只顧著工作，沒有感覺到身體依然隱隱作痛。連續兩個星期不適，終於忍不住了，跑了去看家庭醫生。

他一看，眉頭一皺。「找你的婦科醫生做檢查！」甚麼？早過了更年期，還會有事嗎？

只是醫生這樣吩咐，我也乖乖聽命。

怎知，婦科醫生一看掃描，冒出了三個字：「有陰影！」她再畫畫度度，然後把我跟外子召來一同商議。

「要進醫院做一次詳細檢查。」

甚麼？往後的日子怎樣辦？那些已邀約的講座呢？還有那些已定下的會議……心中的聲音告訴我：全推。

推到何時？同事在問，我也在問。暫時，兩個星期好了。好歹也讓人家有個準備。

那天晚上，我在靈修本子寫下了這些話：

「那天聽完消息，手是顫抖的。**眼中有淚，不知所措。**回到辦公室，安頓一切，準備幾天後入院。」

說沒忐忑嗎？當然有。

那個早上，讀 TWA（Time with Abba 讀經計劃），向神求證據。主啊，倘若沒事，賜我如基甸般乾濕之證據。就是祢往常跟我印證一般。我要見陽光，我要在暴雨警告下見不到雨，有點橫蠻，但呼求是殷切的。

第二天早上，一禱過後，見了陽光。

第三天早上，得知雷暴警告，晚上要到一所學校分享。

「主啊，我要當晚無風無雨，因祢是掌管天地萬物也是掌管我區區生命的主。」那夜，來了幾百位婦女，感覺內心的信息沸騰，沒有被惡耗驚嚇至閉口無言，神同在的能力印證，無風雨的安好陪伴，讓我「啞口無言」。

只是，隨著日子臨近，身體脹脹痛痛的感覺如影隨形，憂慮又至。

✲

做手術當天，早上十點前已不能吃喝。下午五點半的手術，外子在教會的研習會被迫提前結束，趕了過來。手術前的那個晚上，有心來探訪的人，都是老友。

那天手術過程只有十五分鐘，還記得女兒的男友（現在已是丈夫了）拍照留念，大家都不當一回事。醫生說，初步看抽出來的組織該沒甚麼，但一切端看化驗結果。

那幾天的等待，心情七上八下。星期六早上，該是最後限期，心焦如焚。忽然接到醫務所電話：「五點鐘到我的辦公室，我要見妳，要再做手術！」

那個下午，女兒陪我去看醫生。開車的那刻，雖然手握著方向盤，但心中卻有一種不能駕馭的驚惶。轉過身來，跟孩子說：「學把車子開開吧！就是在這些關口，我很需要有人開車送我去看醫生……」她大概知道我在說甚麼，只是無語回應。

見到醫生，她說非做手術不可。但因我是早產兒，這趟手術會有一定的風險，所以她推薦了另一位醫生教授幫我開刀，但不知怎的，聽罷心中卻是忐忑不安。

但理性告訴我，要聽就聽多一個專業意見。立刻致電一位相熟的醫療界友好，她很緊張，說一定要幫我找醫生。

而她的哥哥，更是這方面的專家。

那該怎辦？主啊，**該找誰做**（老友哥哥還是婦科醫生的推薦），何時做，都是要決定的問題。

❀

第二天的早上，一起來就想到要求主給我一個「中間人」的明證。還清楚記得那個禱告：

「主啊！倘若是祢心意，求祢**讓我遇見相熟的醫生**，我可以從他那兒聽到最專業的意見。」因為他正是腫瘤科的專家。主啊，我需要祢的 divine confirmation，求祢讓我見到他啊！

沒想到那天，一踏進那家餐廳，就見到那位醫生獨自在吃午餐。他聽我道明一切，建議找他那位天天在做手術的年輕醫生，正就是我老友的哥哥。事情就這樣決定了。

結果，沒幾天便進了醫院，第二天就動手術。

手術做了三個多小時。進入手術室前後，多次被問，甚麼名字、做甚麼手術、有否藥物敏感，還有血型等。非常小心仔細。

手術做了兩個小時，護士就走出來跟外子說：有complication，不如你們出去吃午飯再回來。

孩子告訴我，那個小時跟爸爸外出，他吃不知味，沒有反應。孩子覺得，自己不能驚，故作鎮定。就是這樣，女兒伴著爸爸，在手術室前等候。

從手術室出來的那十個小時，是我人生最難熬的一段時刻。大概是麻醉藥關係，雙眼不能見光，一見光便想吐，傷口痛，還有嘴唇乾渴，周圍的天使已叫我備檸檬（用來聞），還有不能喝水，只能沾唇。然後就是不住要老公與女兒幫我用濕毛巾擦臉，又不停唉哼，說難過。

”

不是說愛要求收支平衡，
而是在患病的日子，
格外感覺被愛。

不過最難過的那關，還是被醫生吩咐要去洗澡。還記得那個陰暗的黃昏，花灑一開，我竟全身發冷發抖起來，幸虧女兒鎮定，一直抱著我，跟我說「沒問題」，擦乾就沒事。想起昔日是我幫她洗澡，今天是她幫我，這種照顧角色的交替，讓我數度感觸落淚。

卧牀的日子，有不少人來探望。有些不熟悉，要敷衍閒聊。有些人珍惜相見，來探是鼓勵。分辨誰該來誰不該來，很難，只有照單全收。發現珍惜自己的人，都是付出過關懷的。種甚麼收甚麼，真的不錯。不是說愛要求收支平衡，而是在患病的日子，格外感覺被愛。

手術前後，恩典依舊！是我經歷過這段人生大磨難之後的最深感受。

給（大）病中的你10句叮嚀

❶ 疾病是個**不速之客**，總讓人有種晴天霹靂的震撼。

❷ 疾病困苦會**讓人繳械**，看看我們手中所握的，是甚麼對抗的兵器。

❸ 然後發覺，從前亟亟追求的不再重要，反而**眼前人**需要珍惜。

❹ 病情是需要知道的，好讓我們有點**心理準備**。

❺ 查根問底滿以為知道得愈多愈好，卻要小心自己是否**招架得住**。

❻ 生病的人**需要醫生**，這是千古不變的道理。

❼ 如果真的想見誰就說出來吧，**別等**。

❽ 心中有甚麼願望打算，找個機會**寫下來**，**告訴信得過的人**。

❾ 招呼探病的親友需要精力的，要**量力而為**。

❿ 記著，那些動彈不得，甚麼都不能做的當下，仍可以在心中**向主禱告**。

歲月
教曉的功課

看見別人的風光，
但看不到他
曾經歷的風霜。

看見別人的歡笑，
卻看不到他
背人垂淚的辛酸。

20

平反、勳章、祝福

沒有攔阻看扁，何來今天的堅毅

曾經，在臉書不止一次收到網友的信息，大意都是：「很羨慕你有這樣愛你的丈夫家人，還有愉快的家庭，平順的人生！」

感恩上主真的給我一個愛我的丈夫還有女兒女婿，至於平順的人生，則是見到今天歡呼收割的我，卻不知道曾經背人垂淚撒種的辛酸。

嚴格來說，在剛出道的時候，我跟外子都曾被人輕視對待。

還記得那個主日早上，因著寫了一封短箋，拒絕了牧者的服事安排，觸怒也冒犯了當時是堂主任的他。一回到教會就被召入牧師房，他一見到我就把手上的短箋丟了在地，怒目相向，指著我們說：「你們……怎配當一個傳道人？」然後，一隻杯子飛了過來（還好是塑膠杯，否則可能破相）。那刻，能做的就是效法主的榜樣「被罵不還口」，還得乖乖低頭繼續挨罵。至於罵甚麼，早忘了。但那個擲杯的動作與眼神，仍歷歷在目。

回頭想起來，也是年少氣盛，不懂敬老闆的禍，也因此留下了這個**「不順服」的污點**。在日後的舉薦上，難關重重。

後來，有一位長輩知悉其事，著我倆跑去向牧者認錯道歉。當年叛逆得來又聽話的我倆，照吩咐而行。約了老牧者見面，當面跟他說聲「對不起」，老人家也海量汪涵，不再計較。

卻沒料到，多年後的一個早上，接到他的電話，邀請我為他寫一封推薦信。當時的我，二話不說就答應了。還記得掛斷電話的當下，仰首望天，心中默禱：「主啊！你的僕人一定遭受極大打擊，才會打電話給我求助，豈能不答應呢！」

往後，面對一些在服事上遭遇不公平對待的同工或年輕人，我的勸誡總是：**切勿以惡報惡，總要以善勝惡**。上主是公道的，祂看見我們手所做的，絕對不會視而不見，聽而不聞。但祂有祂的時間方法來主持公道。

至於那些看扁我們瞧不起我們的，也千萬別以辱罵還辱罵，那是「最低莊」的應對。還不如做好自己本分，視對方的貶抑批評為改進自我的好機會，其實，那些驕傲自恃的人，主總有辦法讓他降卑的（這是屢見屢聞得到的結論）。那曉得今天拿著筆把我們評分至一文不值的人，可能明天就輪到我們為他評分了。這就是俗語說的「風水輪流轉」，也就是上一代常說「有風不要駛盡帉」，「凡事總要留有餘地」的逆耳忠言。

本以為，這些經歷已讓我深感平反，也平息了心頭不忿。

萬沒想到的是，在老爸去世後一年。某個風和日麗的下午，突然接到政府的電話，告知我將拿「榮譽勳章」。請恕小妹孤陋寡聞，從沒聽過甚麼「勳章」，起初還以為是「整蠱」電話，向來電的她問長問短。

「請再說是『勳甚麼』？」

「榮譽勳章啊！」

「怎麼會這樣？」我還聽不懂她說甚麼，所以有這種莫名其妙的回應。

對方聽到我不知勳章為何物，遂向我解釋英文叫Medal of Honor，乃香港授勳及嘉獎制度下的基本勳銜，以

切勿以惡報惡，
總要以善勝惡

表揚在地區或某個範疇長期為社區服務的人士。

「原來是這樣……」記得放下電話那刻，整個人都發呆了。上網搜尋有關「榮譽勳章」的資料，明白這是一個榮譽。雖然有些人眼中，只是「虛名」；但對一個在服事與事業生涯屢屢碰壁的我來說，會視為上主給我的一種肯定與祝福。

記得事後曾被人問，是如何鋪排拿到這勳章的？天啊！我連勳章為何物都不知道，又怎懂鋪排。「一切都是上主的祝福與恩典，別無所誇！」這是我的真心話。

✿

服事的生涯自此增加了社會參與的擴闊面。從中有機會多明白香港的教育制度、懲教的運作，還有禁毒教育、電子教育平台、家庭議會、平等機會以至精神健康等等，都是我有機會參與的範疇。

更有幸的是，在其中碰到不少有心有力的人士。從他們身上，學到了怎樣開一個有效率的會議，怎樣持平地聆聽不同意見，更感恩的是碰到不少志同道合的有識之士。即使委任期結束，我們仍保持聯絡，成了隔一兩個月就會吃一頓飯的好朋友。

坦白說，處身在這些博士專家當中，甚感榮幸與不配。但難得的是，他們都願意接納並與我為友，一同為一些社會議題出謀獻策。

如果問我有甚麼辦法能擠身在他們中間，那就是：真誠與勤力。

待人以誠，是我一向做人交友的宗旨。如果將對方當

成朋友，就是真誠的付出，從不吝嗇送上關懷。

至於勤力，就是每個會議都做好準備。了解議程與討論項目，準備充足才開會。而從不同項目中的閱讀，也讓我增廣知識見聞。怎說，都是長知識了。

如今，回首過往：

縱然有眼淚，也有歡笑；

縱然走過荊棘，也去過寬闊之地；

縱然被看扁，也會被看好；

正是感覺卑微有時，感覺光彩也有時。

感謝那不離不棄的恩主，在我的生命中的鋪排，讓萬事萬物，各按其時，成為美好。（正準備將書送廠付印之際，收到另一個好消息：獲特區政府頒授銅紫荊勳章，真是喜出望外！只有無盡感恩！）

歲月教曉的功課

我們走過的路，
有裂痕，
歲月磨蝕過的心靈，
又何嘗不是？

這樣說來，
我們都是負傷的人。

但奇妙的是，
傷痛過後，
發覺心堅強了，
我們依然安好自在！

10句跟自己說的話

❶ 多難過的事情都**總會過去**，要撐住啊！

❷ 對那些**沒根沒據的話**，聽過就算，別記在心！

❸ 難受的時候，就讓自己**放空**，歇歇哭哭吧！

❹ 無論怎樣，今天晚上一定要**睡個好覺**！

❺ 見到陽光燦爛，就知道**舊事已過，又是新的**一天。

❻ 忘卻那些忘恩負義的，記住那些**拔刀相助**的臉孔吧！

❼ 仍然相信：流淚撒下**善良的種子**，總有一天會**收成**。

❽ 無論碰到怎樣的嘴臉，**溫柔**是最好的回應。

❾ 難熬是暫時的，咬緊牙關就見到**轉機**。

❿ 主是我們的良牧，**緊緊跟著祂**就是。

回頭看，
原來是一個數算恩典的指定動作！

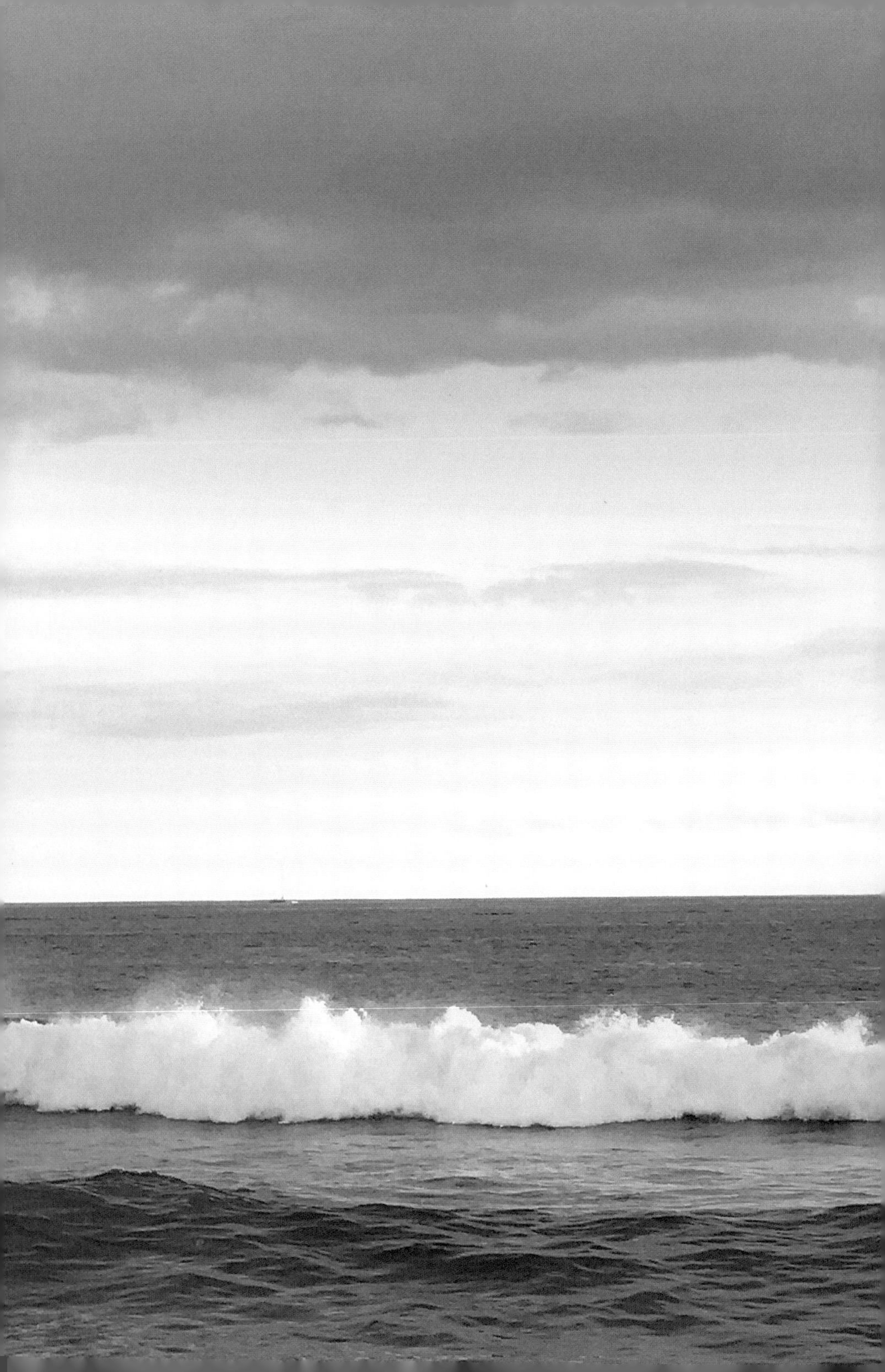

passion

I believe in the **value,**
passion
and beauty
in press.

passion
in
press